国有企业团课教程

国网四川省电力公司技能培训中心 ◎ 编

图书在版编目（CIP）数据

国有企业团课教程 / 国网四川省电力公司技能培训中心编． -- 成都：四川大学出版社，2025.5. -- ISBN 978-7-5690-7829-9

Ⅰ．D296.19

中国国家版本馆 CIP 数据核字第 2025821QN3 号

书　　名：国有企业团课教程
　　　　　Guoyou Qiye Tuanke Jiaocheng
编　　者：国网四川省电力公司技能培训中心

选题策划：李波翔
责任编辑：李波翔
责任校对：杨梓樱
装帧设计：墨创文化
责任印制：李金兰

出版发行：四川大学出版社有限责任公司
　　　　　地　址：成都市一环路南一段 24 号（610065）
　　　　　电　话：（028）85408311（发行部）、85400276（总编室）
　　　　　电子邮箱：scupress@vip.163.com
　　　　　网　址：https://press.scu.edu.cn
印前制作：四川胜翔数码印务设计有限公司
印刷装订：成都市火炬印务有限公司

成品尺寸：185 mm×260 mm
印　　张：7
字　　数：122 千字

版　　次：2025 年 7 月 第 1 版
印　　次：2025 年 7 月 第 1 次印刷
定　　价：60.00 元

本社图书如有印装质量问题，请联系发行部调换

◆ 版权所有 ◆ 侵权必究

扫码获取数字资源

四川大学出版社
微信公众号

编委会

主　编：杜小飞
副主编：陈　曦　　李　静
编　委：杨骏玮　　谢明鑫　　向　倩
　　　　曹硕秋　　陶泽源　　李亚轩

前　言

　　国有企业是中国特色社会主义的重要物质基础和政治基础，是我们党执政兴国的重要支柱和依靠力量。党的二十大报告指出："全党要把青年工作作为战略性工作来抓，用党的科学理论武装青年，用党的初心使命感召青年，做青年朋友的知心人、青年工作的热心人、青年群众的引路人。"这为新形势下国有企业共青团工作指明了方向。

　　国有企业共青团工作是党群工作的重要组成部分，共青团组织肩负着团结带动广大青年员工全身心投入企业生产经营、科技创新和服务社会的重任。为帮助国有企业团组织和广大团干部更好地开展团的工作，我们编写了这本《国有企业团课教程》。本书共分为五个章节，系统介绍了共青团和青年工作，以及团的组织怎么建设、团的会议怎么召开、团的工作怎么开展、团的品牌怎么创建等共青团工作实务。本书集知识性、实践性、操作性于一体，可作为国有企业团干部和团员实务工具书，对更好地开展团的工作具有现实的指导参考价值。

　　本书在编写过程中，得到了国网四川省电力公司团委等单位的大力支持，在此表示诚挚的感谢。因编者水平有限，书中难免有疏漏或不妥之处，敬请读者朋友提出宝贵意见，以便我们在今后的工作中不断修订与提高。

目　　录

第一章 » 共青团和青年工作

第一节　共青团的简介、纪律和从严治团要求　／ 001
第二节　国有企业共青团组织的工作职责与要求　／ 011
第三节　国有企业共青团组织与青年员工的思想政治引领　／ 017
第四节　国有企业共青团组织与青年人才培养　／ 024

第二章 » 团的组织怎么建设

第一节　团的基层组织　／ 033
第二节　团支部的设置　／ 035
第三节　团支部委员会的设置　／ 036
第四节　团小组的设置　／ 038

第三章 » 团的会议怎么召开

第一节　团的代表大会　／ 040
第二节　支部团员大会　／ 041
第三节　支部委员会　／ 046
第四节　团小组会议　／ 049

第四章 » 团的工作怎么开展

第一节　新团员发展　／ 061

第二节　共青团推优入党　／ 063

第三节　团员教育管理　／ 072

第四节　团员教育评议　／ 075

第五节　团员年度团籍注册　／ 076

第六节　团费管理　／ 079

第七节　离团、脱团、退团　／ 080

第八节　奖励和处分　／ 083

第九节　团组织关系转接　／ 088

第十节　团　　课　／ 090

第十一节　主题团日活动　／ 091

第五章 » 团的品牌怎么创建

第一节　"两红两优"　／ 092

第二节　青年文明号　／ 094

第三节　青年岗位能手　／ 097

第四节　青年安全生产示范岗　／ 098

第五节　青年突击队　／ 098

第六节　青年创新创效　／ 099

第七节　青年志愿服务　／ 100

参考文献　／ 101

第一章 共青团和青年工作

第一节 共青团的简介、纪律和从严治团要求

一、中国共产主义青年团简介

中国共产主义青年团是中国共产党领导的先进青年的群团组织,是广大青年在实践中学习中国特色社会主义和共产主义的学校,是中国共产党的助手和后备军。

中国共产党领导是中国特色社会主义最本质的特征,是中国特色社会主义制度的最大优势,党是最高政治领导力量。中国共产主义青年团坚决拥护中国共产党的纲领,以马克思列宁主义、毛泽东思想、邓小平理论、"三个代表"重要思想、科学发展观、习近平新时代中国特色社会主义思想为行动指南。

中国共产主义青年团坚决贯彻党的基本理论、基本路线、基本方略,解放思想,实事求是,与时俱进,求真务实,团结全国各族青年坚定不移跟党走,为把我国建设成为富强民主文明和谐美丽的社会主义现代化强国,为最终实现共产主义而奋斗。

中国共产主义青年团在中国共产党领导下发展壮大,始终站在革命斗争的前列,有着光荣的历史。在建立新中国,确立和巩固社会主义制度,发展社会主义的经济、政治、文化的进程中发挥了生力军和突击队作用,为党培养、输送了大批新生力量和工作骨干。党的十一届三中全会以来,共青团根据党的工作重心的转移,紧密围绕改革开放和经济建设开展工作,为推进社会主义现代化建设事业作出了重要贡献,促进了青年一代的健康成长。中国特色社会主义进入新时代,共青团紧扣时代主题,

增强引领力、组织力、服务力，锐意改革创新，坚持从严治团，团结带领广大青年在党的领导下奋力投身伟大斗争、伟大工程、伟大事业、伟大梦想的生动实践。

中国共产主义青年团自成立以来，始终牢记、忠实践行坚定不移跟党走、为党和人民奋斗的初心使命，组织引导一代又一代青年为争取民族独立、人民解放和实现国家富强、人民幸福而贡献力量。百年征程，塑造了共青团坚持党的领导的立身之本、坚守理想信念的政治之魂、投身民族复兴的奋进之力、扎根广大青年的活力之源，这些宝贵经验是共青团面向未来、再立新功的重要遵循，必须倍加珍惜、长期坚持，并在实践中不断丰富和发展。

中国共产主义青年团在新时代的基本任务是：高举中国特色社会主义伟大旗帜，深刻领悟"两个确立"的决定性意义，全面贯彻习近平新时代中国特色社会主义思想，坚定不移地贯彻党在社会主义初级阶段的基本路线，以经济建设为中心，坚持四项基本原则，坚持改革开放，切实保持和增强政治性、先进性、群众性，把培养社会主义建设者和接班人作为根本任务，把巩固和扩大党执政的青年群众基础作为政治责任，把围绕中心、服务大局作为工作主线，认真履行引领凝聚青年、组织动员青年、联系服务青年的职责，用社会主义核心价值体系教育青年，在建设中国特色社会主义的伟大实践中，造就有理想、有道德、有文化、有纪律的青年，努力为党输送新鲜血液，为国家培养青年建设人才，团结带领广大青年，自力更生，艰苦创业，积极推动社会主义经济建设、政治建设、文化建设、社会建设、生态文明建设，踊跃投身全面建设社会主义现代化国家、全面深化改革、全面依法治国、全面从严治党实践，为全面建成社会主义现代化强国、实现第二个百年奋斗目标，以中国式现代化全面推进中华民族伟大复兴贡献智慧和力量。

中国共产主义青年团加强思想政治工作，把思想政治工作贯穿所开展的全部工作。组织青年学习马克思列宁主义、毛泽东思想、邓小平理论、"三个代表"重要思想、科学发展观、习近平新时代中国特色社会主义思想，弘扬以伟大建党精神为源头的中国共产党人精神谱系，广泛开展党的基本路线教育，爱国主义、集体主义和社会主义思想教育，社会主义核心价值观教育，中华优秀传统文化、革命文化、社会主义先进文化教育，党史、新中国史、改革开放史、社会主义发展史教育和国情教育，民主和法治教育，国家安全教育，增强青年的民族自尊、自信和自强精神，树立正确的理想、信念和世界观、人生观、价值观，进一步增强对中国特色社会主义的道路自信、理论自信、制度自信、文化自信，发扬斗争精神，增强斗争本领，努力使青年成为担当民族复兴大任的时代新人，成为德智体美劳全面发展的社会主义建设者和接班人。对团员必须进行中国特色社会主义共同理想和共产主义远大理想教育。努力帮助青年学习现代科学文化知识，吸收和借鉴人类社会创造的一切文明成果，抵御资本主义和封建主义腐朽思想的侵蚀，不断提高青年的思想道德素质和科学文化素质。

中国共产主义青年团带领青年在经济社会发展中发挥生力军和突击队作用。紧扣我国社会主要矛盾已经转化为人民日益增长的美好生活需要和不平衡不充分的发展之间的矛盾，组织青年参加改革开放和社会主义现代化建设的实践，贯彻创新、协调、绿色、开放、共享的新发展理念，助力加快构建新发展格局，推动高质量发展，促进科教兴国战略、人才强国战略、创新驱动发展战略、乡村振兴战略、区域协调发展战略、可持续发展战略、军民融合发展战略的实施，树立科学技术是第一生产力的观念，树立人才是第一资源的观念，树立创新是引领发展第一动力的观念，掌握和运用先进的科学技术，学习和适应现代管理方式，诚实劳动，勇于创新，为发展社会生产力，增强综合国力，逐步实现全体人民共同富裕，实现我国经济社会发展的战略目标建功立业。

中国共产主义青年团贯彻党管青年原则，充分发挥党联系青年的桥梁和纽带作用，积极参与发展全过程人民民主，为党做好青年群众工作。积极协助党和政府管理青年事务，协调督促青年发展规划落实，主动承担适合承担的公共职能，服务国家治理体系和治理能力现代化。在维护国家和人民利益的同时代表和维护青年的具体利益，围绕党的中心任务，开展适合青年特点的独立活动，关心青年的工作、学习和生活，切实为青年服务，向党和政府反映青年的意见和要求，开展社会监督，同各种危害青少年的现象作斗争，保护和促进青少年的健康成长。

中国共产主义青年团高举爱国主义旗帜，不断巩固和扩大青年爱国统一战线，坚决维护和发展全国各族青年之间的平等团结互助和谐，铸牢中华民族共同体意识；加强同香港特别行政区青年同胞、澳门特别行政区青年同胞、台湾青年同胞和海外青年侨胞的团结，全面准确、坚定不移贯彻"一国两制"的方针，共同促进香港、澳门长期繁荣稳定，坚决反对和遏制"台独"，共同促进祖国统一大业的完成。

中国共产主义青年团在维护我国的独立和主权，坚持和平友好、独立自主、相互学习、平等合作、共同发展的基础上，弘扬和平、发展、公平、正义、民主、自由的全人类共同价值，坚持正确义利观，积极发展同世界各国青年组织的交往和友好关系，积极参与推进共建"一带一路"，反对霸权主义和强权政治，维护世界和平，促进人类进步，推动构建人类命运共同体。

中国共产主义青年团要完成新时代的基本任务，必须毫不动摇坚持中国特色社会主义群团发展道路，把握政治性这一灵魂，聚焦先进性这一重要着力点，立足群众性这一根本特点，深化团的改革，全面从严治团，不断提高团的建设科学化水平。要发扬优良传统和作风，生动活泼、富于创造性地开展工作，把共青团建设成为团结教育青年的坚强核心，始终成为引领中国青年思想进步的政治学校、组织中国青年永久奋斗的先锋力量、党联系青年最为牢固的桥梁纽带、紧跟党走在时代前列的先进组织。团的建设必须贯彻以下基本要求：

（1）坚持党的领导。全团要坚持党的基本路线不动摇，用邓小平理论、"三个代表"重要思想、科学发展观、习近平新时代中国特色社会主义思想和党的基本路线统一思想和行动，团的各项工作都必须服从和服务于经济建设这个中心，必须把坚持改革开放和坚持四项基本原则统一起来，使党的基本路线在团的工作中得到全面贯彻。要牢固树立政治意识、大局意识、核心意识、看齐意识，坚决维护习近平总书记党中央的核心、全党的核心地位，坚决维护以习近平同志为核心的党中央权威和集中统一领导，不断提高政治判断力、政治领悟力、政治执行力，坚决贯彻党的意志和主张，严守政治纪律和政治规矩。要坚持党建带团建，把党的要求贯彻落实到团的建设之中，使团的建设纳入党的建设总体规划，同部署同检查同总结。

（2）坚持把帮助青年确立正确的理想、坚定的信念作为首要任务。必须站在理想信念这个制高点上，牢牢把握为实现中华民族伟大复兴中国梦而奋斗的时代主题，激发广大青年的历史责任感和奋斗精神，增强做中国人的志气、骨气、底气，组织动员广大青年走在时代前列，引导广大青年立志做有理想、敢担当、能吃苦、肯奋斗的新时代好青年。要按照党、团、队育人链条相衔接、相贯通的要求，围绕保持和增强团员先进性这一时代课题，切实增强团员的光荣感，发挥团员的模范作用。

（3）坚持服务青年的工作生命线。以青年为中心，从青年需要出发，强化服务意识，提升服务能力，挖掘服务资源，千方百计为青年排忧解难，更多关心帮助困难青少年，维护青少年合法权益，使团组织成为广大青年遇到困难时想得起、找得到、靠得住的力量。

（4）坚持民主集中制。民主集中制是共青团根本的组织原则。要充分发扬民主，尊重团员主体地位，切实保障团员的民主权利。要实行正确的集中，加强组织性和纪律性，保证团的决议得到有效的贯彻执行。

（5）坚持改革创新。落实党对共青团改革的要求，勇于自我革命，推动改革向纵深发展，推进组织和工作创新，不断提高团的吸引力和凝聚力，不断扩大团的工作有效覆盖面。基层组织是团的一切工作的基础。团的领导机关要确立基层第一的观念，发扬务实、求实的作风，深入基层，服务基层，坚持不懈地抓好基层建设，不断增强基层活力。

（6）坚持从严治团。要把严的标准、严的措施贯穿于从严治团全过程和各方面。坚持依规治团，建立健全团内规章制度体系。首先从团干部严起，重点加强对团的领导机关和领导干部的管理和监督，坚决反对机关化、行政化、贵族化、娱乐化倾向。按照增强政治性、时代性、原则性、战斗性的要求，加强和规范团内政治生活，发展积极健康的团内政治文化，营造风清气正的良好政治生态。

中国共产主义青年团中央委员会受中国共产党中央委员会领导，团的地方组织和基层组织受同级党的委员会领导，同时受团的上级组织领导。团的领导机关领导班子按照有关规定履行全面从严治党主体责任。

中国共产主义青年团受中国共产党的委托领导中国少年先锋队的工作。中国共产主义青年团是中华全国青年联合会的核心团体会员，发挥主导作用。中国共产主义青年团在中国共产党的领导下，指导中华全国学生联合会开展工作。

二、中国共产主义青年团的纪律

团的纪律是团的各级组织和全体团员必须遵守的行为规则，是维护团在党领导下的团结统一、完成党赋予的职责使命的保证。团组织必须严格执行和维护团的纪律，共青团员必须自觉接受团的纪律的约束。

《中国共产主义青年团章程》和《中国共产主义青年团纪律处分工作规则（试行）》《中国共产主义青年团纪律处分条例（试行）》明确规定，团的纪律建设必须坚持党的领导，坚持以马克思列宁主义、毛泽东思想、邓小平理论、"三个代表"重要思想、科学发展观、习近平新时代中国特色社会主义思想为指导，坚决维护习近平总书记党中央的核心、全党的核心地位，坚决维护以习近平同志为核心的党中央权威和集中统一领导，弘扬伟大建党精神，坚持自我革命，贯彻全面从严治党战略方针，落实党建带团建的各项要求，健全全面从严管团治团体系，全面加强团的纪律建设，为动员引领广大团员青年在以中国式现代化全面推进强国建设、民族复兴伟业中挺膺担当提供坚强纪律保障。

对于违反团的纪律的团员,团的组织应当本着惩前毖后、治病救人的精神,进行批评和帮助,情节严重的,分别给以警告、严重警告、撤销团内职务、留团察看、开除团籍的纪律处分。

留团察看的时间为六个月或一年。团员在留团察看期间没有选举权、被选举权和表决权,不得作青年入团的介绍人。留团察看期满,改正了错误的,应当及时恢复其团员的上述权利;坚持错误不改的,应当开除团籍。

对团员的纪律处分,一般应当经支部大会讨论通过,由其所在基层委员会报县级或者县级以上团的委员会批准;批准后,报同级党的基层委员会备案。在特殊情况下,县级和县级以上各级团的委员会有权直接决定给团员以纪律处分;涉及的问题比较重要或复杂,或对团员给以开除团籍的处分的,必须经团的省级或中央委员会批准。

团的组织对团员作出处分决定,必须严肃慎重,实事求是。支部大会在讨论决定对团员的处分时,除特殊情况外,应当吸收本人参加,认真听取本人的意见;决定后本人不服的,可以提出申诉,有关团组织必须负责处理或者迅速转递,不得扣压;对于确属坚持错误意见和无理要求的人,要给以批评教育。

团组织在维护团的纪律方面失职的,上级团的委员会应当对其问责。对于违犯团纪的团组织,上级团组织应当责令其作出书面检查或者给予通报批评。对于严重违犯团纪、本身又不能纠正的团组织,上一级团的委员会查明核实后,根据情节严重的程度,向其同级党组织建议予以改组或者解散;无同级党组织的,上一级团的委员会可直接予以改组或者解散。

三、从严治团和改进工作作风的要求

按照全面从严治党要求,大力推进从严治团,是共青团充分发挥党的助手和后备军作用、巩固和扩大党执政的青年群众基础、引领广大青年紧跟党走在时代前列的必然要求,是共青团去除"机关化、行政化、贵族化、娱乐化"现象、增强"政治性、先进性、群众性"、构建"凝聚青年、服务大局、当好桥梁、从严治团"四维工作格局的重要保证。新形势下,为大力推进从严治团,做到正本清源、名副其实,使团干部更像团干部,团员更像团员,团的组织更加充满活力。

（一）始终坚持党的领导

全团必须坚持党管青年原则，把坚持党的领导、听从党的指挥作为从严治团之魂，贯穿体现在从严治团的各个环节。

坚决维护党中央权威。全团必须牢固树立政治意识、大局意识、核心意识、看齐意识，自觉向党中央看齐，向习近平总书记看齐，坚决维护以习近平同志为核心的党中央权威，在思想上政治上行动上同党中央保持高度一致，旗帜鲜明反对和抵制违背党中央精神的错误言行。必须坚持党有号召、团有行动，围绕中心、服务大局，始终坚持党的基本路线，学习弘扬党的优良传统，坚决执行党的决策部署。

始终坚定理想信念。团干部、团员必须高扬理想信念旗帜，牢固树立共产主义远大理想和中国特色社会主义共同理想。必须不断加强政治理论学习，加强对习近平总书记系列重要讲话精神学习，组织团的领导机关干部每月、基层团干部每季度、团员每年参加以政治理论为主要内容的集中学习培训时间不少于8学时。团干部培训班应安排政治理论水平闭卷测试。

积极传播党的声音。各级团组织必须在广大团员青年中坚持不懈传播党的政策主张，旗帜鲜明开展正面宣传，教育引导广大团员青年坚定"四个自信"，增进对党的政治认同、思想认同和情感认同。团的领导机关干部、基层团委书记要做好表率，每年至少为团员青年进行2次以党的思想理论和形势政策教育为主要内容的宣讲。团干部、团员要积极参与网络舆论引导，在互联网上弘扬主旋律、传播正能量，理直气壮地亮剑发声，澄清模糊认识，驳斥错误言论，营造清朗网络空间。

加强团的领导机关党的建设。团的领导机关要切实加强党的建设，不折不扣落实好全面从严治党的各项要求，认真落实党建工作责任制，扎紧制度笼子，坚决防止党的领导弱化、党的建设缺失、全面从严治党不力等问题。已入党仍保留团籍的团干部、团员要严格遵守党的各项规章制度，同时在团的工作、生活中发挥好骨干、表率作用。

（二）从严管好团干部队伍

全团必须认真对照习近平总书记提出的"好干部"标准和对团干部提出的"坚定理想信念、心系广大青年、提高工作能力、锤炼优良作风"重要要求，聚焦解决脱离青年的突出问题，切实抓好团干部队伍建设。

严格团干部选配和管理。严把入口关，认真做好团的领导机关干部选配和协管，防止不按标准、不按程序选拔配备干部。团的领导机关每年要向同级党委组织部门和上级团的组织部门书面报告干部选配和协管工作情况，各级团的领导机关干部整体配备率年均要达到90%以上。加强基层团干部选配管理，抓好工作考核，保证基层团干部有足够精力投入团的工作。认真落实分级分类培训要求，组织实施好团干部教育培训工作规划，力争每3年对团干部轮训一遍。团的领导机关干部、基层团委书记到岗后1年内必须接受任职培训。

狠抓团干部作风。各级团组织要常态化开展成长观教育，教育要求团干部虚功实做、难事长做，坚决克服工作抓而不实、缺乏实干和抓而不长、缺乏韧劲的问题。团的领导机关班子要将成长观作为民主生活会的重要内容，认真开展批评和自我批评，上级团组织应派人列席会议。团干部要严格落实中央八项规定精神，坚决抵制和纠正"四风"问题；要坚决落实直接联系青年系列制度安排，切实做到真正融入青年。团的领导机关部署工作要科学论证、实事求是，对基层团组织提出的普遍性工作要求，领导机关干部所在团组织必须带头落实。坚持团内互称同志，不称职务。团支部书记每年要向全体团员述职并接受团员测评。

从严抓好"关键少数"。全面落实从严治团，重点是团的领导机关干部和专职干部，关键是各级团的领导班子特别是团中央委员会、团中央常委会、团中央书记处的组成人员。团的领导机关干部和专职干部要深刻认识自身肩负的特殊责任，自觉以更高标准要求自己，以身作则、以上率下，把从严治团各项要求推向深入。要带头坚定理想信念，保持对党绝对忠诚，以实际行动让团员青年感受到理想信念的强大力量。要带头密切联系青年，扎扎实实做好相关工作，坚决避免走形式、走过场。要带头遵守团章团规，凡是要求团员做到的自己首先做到，凡是要求团员不做的自己首先不做，真正形成一级带着一级干、一级做给一级看的示范效应。要带头严格自律，坚决抵制不正之风，守住纪律底线，珍惜团干部的名节操守，始终保持艰苦奋斗、清正廉洁本色。

（三）从严管好团员队伍

全团必须以团章为总遵循，按照坚持标准、控制规模、提高质量、发挥作用的总要求，加强发展团员和团员教育管理工作，增强团员先进性和光荣感。

严格发展团员。发展团员要严格标准、严格培养、严格程序，始终把政治标准放在首位，着重看发展对象是否具有坚定的理想信念和良好的道德品行，是否在学习、生产、工作和社会活动中发挥模范带头作用。严格按照上级团组织确定的名额控制发展团员数量，防止突击发展、超额发展、随意发展。

改进团员教育管理。广泛开展团员教育实践活动，推动团员集中性教育和经常性教育相结合，保持和增强团员先进性，防止"团、青不分"现象。强化对不同领域、不同行业团员的分类教育管理。落实好团前教育、发展团员、组织生活、教育评议、奖励处分等各项规定，健全流动团员管理机制和做好团组织关系转接工作。运用信息化手段，创新团员管理方式。每个团员都要按规定自觉交纳团费，团费使用和管理要公开透明。按照稳妥、慎重的要求，及时处置不合格团员。

发挥团员模范作用。通过团员先锋岗、团员示范岗等形式，开展团员承诺践诺和履职尽责活动，充分发挥在青年中的模范作用和对青年的凝聚作用。团员要主动成为注册志愿者、网络文明志愿者，每年参加志愿服务时间不少于20小时。团干部、团员在组织和参加团的活动时必须佩戴团徽，团的领导机关干部在日常工作中应该佩戴团徽，亮出团员身份，展现良好形象。

（四）从严管好团的组织

全团必须强化领导机构建设，强化抓基层、打基础、严制度的鲜明导向，着力打造纵横交织的网络化组织体系，不断扩大组织覆盖，增强组织活力。

加强团的领导机构和领导机关建设。进一步增强团的代表大会、委员会、常委会的广泛性和代表性，注重吸收新兴青年群体中的优秀党团员，保证团的领导机构中基本群众代表的合理比例。建立各级团代会代表发言、听取意见、联系青年等制度，促进团代表履职尽责。完善各级团的委员会、常委会工作制度，坚持按程序决策，提高民主决策、科学决策水平，更好代表反映团员青年意见。团的领导机关要经常性向青年开放，带头开展直接面向团员青年的服务项目。

加强基层基础。着力推进新兴领域组织覆盖和工作覆盖，着力增强支部活力，及时整顿软弱涣散基层团组织。严格组织建设年度考核，对地方团组织的基层组织数、组织覆盖青年情况进行考核，对基层团组织的团员有档案、青年有名册情况进行考核。深入推进基层服务型团组织建设，深化区域化团建工作，大力建设青年之声、青年之家、智慧团建等工作和服务平台，把资源、项目、力量向基层倾斜，着力破解基层"缺编制、缺人员、缺资金、缺场所"的瓶颈制约。

严肃团的组织生活。坚持"三会两制一课"制度，突出思想政治要求，坚持民主集中制，尊重团员主体地位，坚决防止表面化、形式化、娱乐化、庸俗化。一般每季度召开一次团支部大会，每月召开一次团支部委员会会议，根据工作需要随时召开团小组会。每年集中开展团员教育评议工作，评议结果作为年度团籍注册、团内评选表彰、"推优入党"的重要依据。组织团员每年在基层团组织参加团课学习不应少于2次，入团积极分子被确定为发展对象之前参加团课学习不少于8学时。每个团干部无论职务高低，都要作为普通团员编入一个团支部，带头参加团的组织生活。

（五）严明团的纪律

全团必须树立强烈的管团、治团意识，坚持原则、敢于担当，严明组织纪律，强化监督问责，确保工作落实到位，制度执行到位。

团干部、团员和团组织必须严格执行团章要求和各项团内制度规定，做到有章必循、有规必依，对违反团章团规的个人和组织，必须严肃处理。各级团组织必须不折不扣贯彻落实团中央决策部署，不得上有政策、下有对策，有令不行、有禁不止，对于全团重大工作落实不力的团组织，要对其主要负责人进行谈话提醒、通报批评，存在弄虚作假行为的，将有关情况通报其同级党组织。要严格落实团内请示报告制度，下级团组织每半年要向上级团组织正式报告1次工作，重大决策必须随时请示报告。

上级团组织要综合运用干部协管、考核督查、青年评议等手段，强化对下级团组织的监督，对发现问题及时督促整改。各级团组织领导班子要切实承担起团内监督的主体责任，团组织主要负责人要作为第一责任人，真正把从严治团的责任传导到位、压紧压实，对从严治团责任落实不力的团组织及其主要负责人，要严肃问责。

此外，共青团中央于2018年7月18日发布的《关于提高政治站位改进工作作风的六条规定》明确提出为建设一支能担当党的青年工作使命、堪当青年榜样的团干部队伍，坚持从严从实、防微杜渐，必须做到：

（1）坚决反对官本位思想。严禁自我设计、投机钻营，伸手向组织要职务、要待遇；严禁为谋求个人升迁拉关系、跑门路、打招呼。

（2）坚决反对宗派主义。严禁组织和参加以团干部或团干部经历名义举行的各种聚会联谊活动；严禁搞小山头、小圈子、小团伙。

（3）坚决反对脱离青年。严禁追逐名利，热衷于结交名人精英，漠视广大青年；严禁以"官"自居，抖威风、耍特权；严禁把联系青年当作秀，装样子、走过场。

（4）坚决反对飘浮作风。严禁空喊口号、不干实事，讲假话、讲大话空话；严禁好大喜功、讲排场、比声势；严禁报假数字、造假政绩；严禁搞短期行为、做表面文章、堆"盆景"工程。

（5）坚决反对以公谋私。严禁拿团内代表委员遴选、评奖评优名额分配、工作评比评价等权力作交易、谋私利；严禁借社会赞助为个人造势、为亲友谋利。

（6）坚决反对庸懒散漫。严禁妄自菲薄、敷衍塞责，轻视工作价值，心浮气躁、眼高手低，不琢磨工作、老想着转岗；严禁挖坑算计，只谋人不谋事，世故圆滑、不讲原则；严禁不思进取、庸懒无为，怨天尤人、暮气沉沉。

第二节　国有企业共青团组织的工作职责与要求

一、基层组织的定义和职责

国有企业基层团组织是指设置在国有独资、全资和国有资本绝对控股企业的团组织。2020年11月2日共青团中央发布的《中国共产主义青年团国有企业基层组织工作条例（试行）》明确指出，国有企业基层团组织是共青团在国有企业全部工作和战斗力的基础。

国有企业基层团组织必须坚持以马克思列宁主义、毛泽东思想、邓小平理论、"三个代表"重要思想、科学发展观、习近平新时代中国特色社会主义思想为指导，坚决贯彻党的基本理论、基本路线、基本方略，增强"四个意识"、坚定"四个自信"、做到"两个维护"，突出政治功能，提升组织力，切实履行引领凝聚青年、组织动员青年、联系服务青年的职责，团结带领团员青年在国有企业深化改革，增强国有经济竞争力、创新力、控制力、影响力、抗风险能力，做强做优做大国有资本中发挥生力军和突击队作用。

国有企业基层团组织应当把思想政治工作作为经常性、基础性工作，强化政治引领，增强政治能力，教育引导团员青年听党话、跟党走；坚决担负起政治责任，推动党的主张和决策部署有效落实；开展中国特色社会主义和实现中华民族伟大复兴中国梦宣传教育，加强爱国主义、集体主义、社会主义教育，培育团员青年的家国情怀，抓好制度自信教育和形势政策教育；充分发扬斗争精神，增强斗争本领，落实意识形态工作责任制，有效防范化解风险。

国有企业基层团组织应当积极培育和践行社会主义核心价值观，传承弘扬国有企业优良传统和作风，增强应对挑战的斗志，提升产业兴国、实业报国的精气神；积极参与精神文明建设，开展群众性文化体育活动，弘扬劳模精神、工匠精神，造就有理想、守信念，懂技术、会创新，敢担当、讲奉献的新时代国有企业青年职工队伍。

在职责上，国有企业团组织应做到：

（1）做好思想政治工作，教育团员青年带头学习贯彻党的创新理论，贯彻落实党的路线、方针、政策，组织团员青年学习科学、文化、法律和业务知识。

（2）宣传、执行党组织的指示和团组织的决议，团结带领团员青年在企业生产经营和改革发展中创先争优、建功立业。

（3）加强团员队伍建设，做好团员教育、管理、监督和服务，做好组织关系转接，严格团的组织生活，落实"三会两制一课"，定期开展主题团日。

（4）把政治标准放在首位，做好经常性发展团员工作；做好推优入党工作，积极向党组织输送新鲜血液。

（5）保障团员权利不受侵犯，及时向团员青年通报团的工作情况，接受团员监督；维护和执行团的纪律，依规稳妥处置不合格团员。

（6）关怀帮扶困难团员，密切联系服务青年，广泛听取团员青年意见建议，为团员青年提供针对性服务。

（7）引导广大团员青年积极参加志愿服务，推动团员成为注册志愿者，弘扬志愿精神，积极服务人民，奉献社会。

二、工作应当遵循的原则

（1）坚持党的全面领导，严守政治纪律和政治规矩，把政治标准、政治要求贯彻到团的全部工作和建设之中。

（2）坚持党建带团建，落实党对共青团改革和全面从严治团的要求，始终保持和增强团的政治性、先进性、群众性。

（3）坚持团建工作与企业生产经营深度融合，在服务国有企业深化改革、推动企业高质量发展中检验团组织工作成效。

（4）坚持尊重青年主体地位，强化服务意识、提升服务能力，巩固党执政的阶级基础和青年群众基础。

（5）坚持抓基层打基础，着力加强团支部建设，增强基层团组织的生机与活力。

三、共青团组织的设置

《中国共产主义青年团国有企业基层组织工作条例（试行）》要求：国有企业团员3人以上的，成立团支部。团员7人以上的团支部，设立支部委员会。

国有企业团员人数50人以上、100人以下的，设立团的总支部委员会（以下简称"团总支"）。团员人数不足50人、确因工作需要的，经同级党组织和上级团组织批准，也可以设立团总支。

国有企业团员人数100人以上的，设立团的基层委员会（以下简称"团委"）。团员人数不足100人、确因工作需要的，经同级党组织和上级团组织批准，也可以设立团委。

国有企业基层团组织设置应当从实际出发，适应深化国有企业改革要求和国有企业团员青年流动分布情况，可以不完全与党组织和行政建制对应。可以按照地域相邻、规模适当、有利于生产经营、便于管理的原则，成立联合团组织。

积极探索工程项目建团、产业链建团、生产线建团、公寓建团、网络建团等模式。为期6个月以上的工程项目、研发团队等，具备条件的，应当成立团组织。

可以建立团主导的青年志愿服务组织、公益组织、文艺体育组织等青年组织和"青年之家"，创新国有企业团的基层组织形态。

国有企业团的支部委员会一般由3至5人组成，设书记1人，必要时可以设副书记1人。国有企业团的总支部委员会一般由5至7人组成，设书记1人，可以设副书记和组织委员、宣传委员、纪律委员等若干委员。

国有企业团的基层委员会一般不设常务委员会。团员在2000人以上或下设团委的国有企业基层团组织，根据工作需要，经同级党组织和上级团组织批准，可以设立常务委员会。

不设常务委员会的国有企业团的基层委员会一般由7至9人组成；设常务委员会的国有企业团的基层委员会一般由15至21人组成，其中常务委员5至9人。国有企业团的基层委员会设书记1人，副书记1至3人。

经同级党组织和上级团组织批准，委员会人数可以根据实际需要适当放宽。

四、团组织换届

国有企业团（总）支部委员会一般由团员大会选举产生，每届任期 2 年或 3 年。团（总）支部书记、副书记一般由团员大会从新当选的委员会委员中选举产生，不设委员会的团支部书记、副书记由团员大会选举产生。

国有企业团的基层委员会由团员大会或者团员代表大会选举产生，每届任期 3 年至 5 年，一般应当与同级党组织保持一致。国有企业基层团委书记、副书记以及设立常务委员会的常务委员，一般由本级委员会全体会议选举产生；召开团员大会选举的团的基层委员会书记、副书记，也可以由团员大会从新当选的委员会委员中选举产生。

国有企业基层团组织应当严格执行任期制度，任期届满应当按期进行换届选举，选举结果须报同级党组织和上级团组织批准。

国有企业团的代表大会闭会期间，国有企业党组织和上级团组织认为有必要时，经过共同研究，取得一致意见，可以调动或指派下级团组织的负责人。

中央企业直属企业（单位）团组织换届选举工作，以中央企业系统团委为主指导，审批程序按照有关规定办理。中央企业及其直属企业（单位）召开团员代表大会，可以为团组织隶属地方的下一级企业（单位）分配代表名额。

为执行某项任务临时组建的机构，团组织关系不转接的，经上级团组织批准，可以成立临时团组织。临时团组织班子成员由批准其成立的团组织指定。

五、团员队伍建设

国有企业团组织要坚持用党的创新理论武装团员队伍，突出政治教育和政治训练，组织引导团员青年认真学习党史、新中国史、改革开放史、社会主义发展史，实施青年大学习行动。坚持集中教育和经常性教育相结合，采取理论宣讲、集体学习、培训讲座等方式，加强思想政治工作。

严肃团的组织生活，创新规范落实"三会两制一课"，经常、认真、严肃地开展批评和自我批评，按照增强政治性、时代性、原则性、战斗性的要求，加强和规范团内政治生活。

加强团员日常管理，及时转接团组织关系，加强团员档案管理，督促团员按规定交纳团费。有针对性地加强和改进对出国（境）团员、流动团员、劳务派遣制员工团员的管理，注重做好兼并重组和破产企业职工团员、农民工团员、新入职团员教育管理工作。严格执行团的纪律，对违反团的纪律的团员及时教育或者处理，问题严重的应当及时向同级党组织和上级团组织报告。

保留团籍的党员在参加党的组织生活的同时，应当积极参加团支部的组织生活，正确行使团员权利，模范履行团员义务。

从政治、思想、工作、生活上关心关爱团员，尊重和保障团员的各项权利，增强团员的使命感和光荣感，建立健全长效激励机制。

坚持把政治标准放在首位，严格程序、严肃纪律，做好经常性发展团员工作，重视在生产一线和科研管理岗位的青年职工中发展团员。

国有企业基层团组织应当把推优入党作为一项经常性重要工作，28周岁以下青年入党，一般应当从团员中发展，发展团员入党一般应当经过团组织推荐，规范"推优"程序，强化培养过程，完善工作机制，提高"推优"质量。

紧密结合企业生产经营开展团组织活动，把开展青年突击队、青年志愿服务、青年文明号、青年岗位能手、青年安全生产示范岗、职业技能竞赛、创新创效活动等作为提升企业团建质量的重要抓手，引导团员青年争当生产经营的能手、创新创业的先锋、提高效益的标兵、攻坚突击的骨干。

六、团干部队伍建设

遵照信念坚定、为民服务、勤政务实、敢于担当、清正廉洁的好干部标准和坚定理想信念、心系广大青年、提高工作能力、锤炼优良作风的重要要求，突出知青年、懂青年、爱青年，建立一支来源广泛的专职、挂职、兼职相结合的国有企业团干部队伍。有计划地把各个岗位上的优秀青年职工选拔到团的岗位上经受锻炼，鼓励青年党员兼任企业团的干部为党做青年群众工作。

国有企业专职团组织书记、副书记一般分别享受企业同级党组织职能部门正、副职待遇。国有企业基层团组织领导班子中的兼职团干部应当保证有一定时间从事团的工作。团组织书记是党员的，可以列席同级党的委员会和常务委员会的会议。团组织书记原则上为同级职工代表大会主席团成员人选，具备条件的，可以作为同级党委委员人选。

国有企业应当结合实际配备一定数量的专职团干部。青年职工在3000人以上的国有企业,其团委一般至少配备 2 名专职团干部和 2 至 3 名以共青团工作为主的团干部;青年职工在 5000 人以上的国有企业,由企业党组织按照比例适当增加团干部职数。国有企业所属企业(单位)也要配齐配强团干部。

国有企业基层团组织应当认真落实协助企业党组织管理团干部的职责,加强对团干部的考察考核、教育培训、管理监督,按照有关规定对团干部选拔任用和奖惩提出意见。团的领导机关应当推动建立国有企业基层团组织书记述职评议制度。

定期组织开展团干部培训,建立健全国有企业团干部调训、轮训制度,对新任职国有企业基层团组织书记应当在 1 年内进行任职培训。

七、领导和保障机制

国有企业基层团组织受同级党组织领导,同时受上级团组织领导,应当定期向同级党组织和上级团组织报告工作。

各级团的领导机关应当把国有企业团的建设纳入整体工作部署和总体规划,形成党委领导下,团委牵头抓总、相关团(工)委具体指导、企业团组织履职尽责的工作格局。

总部在京外的中央企业的团建工作,中央企业团工委发挥领导、指导作用,企业所在地的市地级以上团委协助。中央企业在地方的直属企业(单位)的团建工作,中央企业系统团委发挥领导、指导作用,企业(单位)所在地的地方团委协助。

全国铁道团委、中管金融企业团委垂直领导本系统的团组织,注意加强与地方团组织的联系,抓好系统团建工作。

各级团组织要积极争取党组织支持,推动国有企业团建工作与党建工作同部署同检查同考核。企业在制定和推行涉及青年利益的重大改革措施时,应当有共青团和青年职工代表参加,广泛听取青年职工的意见。企业职代会中的青年职工代表应当占有一定的比例。

各级团组织应当积极推动党建带团建机制落实,为国有企业基层团组织开展工作提供必要条件和经费保障。国有企业基层团组织开展活动所需经费,一般应当列入企业经费预算。

加强国有企业共青团工作阵地保障,推动党团、群团工作和服务阵地共建共享,积极开展"青年之家"建设。具备条件的国有企业,可以建设少先队校外实践教育基地。

注重培养树立宣传先进典型，对工作有显著成绩的国有企业团员青年、团干部、团组织和青年集体等，应当给予表彰表扬。

坚持有责必问，失责必究。国有企业基层团组织落实工作不力、干部协管不到位、基础团务不规范的，要及时提醒、约谈或通报批评，并限期整改；出现严重问题的，应当严肃问责追责。

第三节　国有企业共青团组织与青年员工的思想政治引领

一、青年员工思想政治引领工作的重要意义

青年作为整体，是社会变革中最为活跃的因素，最具创造精神的推动力量，最先感知时代变化也最敏于行动。青年的思想政治素质包括思想素质、政治素质、道德素质三项。其中思想素质体现在青年世界观、人生观、价值观方面；政治素质体现在政治观、政治修养、法纪观和法制素质方面；道德素质体现在社会公德、职业道德、家庭美德和个人品德方面。不同时期的社会结构变迁，使青年群体形成不同的阶层。中国特色社会主义进入新时代，国有企业青年与民营企业青年共同构成我国青年工人阶层的主体，掌握着先进生产力，是推动社会变革的重要力量。而国有企业作为党和国家最可信赖的依靠力量和国民经济发展的命脉，其青年员工群体思想政治引领工作水平，直接关系到国家社会稳定和国有经济的持续健康发展。

二、国有企业共青团组织在青年思想政治引领中的作用

（一）共青团组织对国有企业青年工作的重要意义

国有企业共青团组织是在国有企业党委领导下广泛联系和服务青年员工的群团组织，接受本级党组织和上级团组织的双重领导，围绕"凝聚青年、服务大局、当好桥梁、从严治团"四维工作格局和企业发展目标，组织、凝聚、服务、引领青年。群团性质和青年特点决定了共青团组织应从以下两个方面开展青年员工思政引领工作：一是广泛开展青年思想调查研究，为企业党组织摸清青年家底，提供决策

依据；二是协助企业党组织制订青年员工政策，推动建立扎实有效的青年服务机制，巩固深化细致长效的青年服务制度。

（二）国有企业共青团组织的青年工作内部基础

国有企业青年员工大多具有较高的文化水平和思想政治素质，理想信念坚定，服务意识强。爱国爱党、积极乐观、奋发有为等正向价值观是青年思想认同的主流价值观。以某央企子公司为例，其调研结果显示超过 87% 的青年员工理想信念坚定，对公司企业文化和发展战略认同感较强，能主动将个人发展与企业发展紧密相连。超过 68% 的青年员工对工作现状感到满意，对工作岗位、工作氛围和企业本身认可度高。接近 92% 的青年员工对团青工作表示满意，普遍点赞。可见，国有企业青年员工综合素质较高，多属于青年中的先进群体，为国有企业的共青团工作涵养了良好的内部基础。

三、国有企业共青团组织在青年思想政治引领中的问题分析

（一）国有企业共青团组织对行政依赖性强，自主行动能力不足

基层组织是做好共青团工作的基础和关键。目前国有企业各级共青团组织完全依托企业自身的基层单位建立，对行政组织的依赖性较强。共青团系统本身又存在着自上而下的科层制管理体制和模式，基层团组织往往会花费更多时间和精力去完成行政化事务，主动服务青年的能力、精力和内生动力不足。网络建团等网格化、扁平化团建方式还未得到大规模推广，组织设置、活动方式与工会存在一定同质化，时间不稳定，活动质量无标准，与社会资源接合不够，不能完全满足青年员工日益增长的思想文化需求。

（二）国有企业共青团干部多为兼职，理论深度和大局意识不够

国有企业共青团组织承担着为党教育引导青年的责任，具有代表青年权益的职能，但共青团组织协助党教育管理青年的作为空间和工作范围十分笼统而模糊，容易被边缘化。国有企业各级共青团干部呈专职少兼职多状态，基层团干多往往同时身兼党务、共青团、工会等数职，面临生产经营与党群工作的多重压力，在从严治党、从严治团的新形势下，兼职干部多头工作难以"兼"顾。一些团组织工作人手不足，工作推而不动、落而不实；一些团干部工作"就团论团"，仅满足于对团组织监管或开展活动，不能将共青团工作放在巩固党的执政基础、保证党和国家事业后继有人、保障公司基业长青的全局高度进行思考和推动；共青团组织作为青年后备

干部和人才的摇篮，团干部的流动特质与青年事务的稳定需求之间存在一定矛盾。

（三）国有企业共青团组织青年工作创新性不足，对青年的时代特征把握不够

当前，国有企业青年员工基本是以"90后""00后"为主，普遍趋向后物质主义价值观，文化和认知的代际特征明显，既注重个人权利、社会地位和诉求表达，又对安稳的社会环境、稳定的企业状态有强烈依赖，既乐观自信又有一定忧患意识。虽然大部分青年员工能认识到企业的发展前景与自己对工作整体的付出程度之间有着密切联系，但还不能自觉地将单位发展和自身进步正向结合起来，"主人翁"意识和风采展现还不足。而企业共青团组织基于行政建制和科层制管理，思想引领还很大程度依赖于行政命令和层层部署，对青年思想的时代特征把握不全面、掌握不到位，对青年真实利益诉求响应不及时、施策不具体，从而导致对青年吸引力下降、凝聚力减弱、话语权偏移。

四、国有企业共青团组织在青年思想政治引领中的可为手段

（一）稳固青年员工思想政治引领的"锚点"

要坚持"党管青年"原则。党的二十大报告指出："全党要把青年工作作为战略性工作来抓，用党的科学理论武装青年，用党的初心使命感召青年，做青年朋友的知心人、青年工作的热心人、青年群众的引路人。"中共中央、国务院印发的《中长期青年发展规划（2016-2025年）》，明确提出坚持"党管青年"原则，包含着党对青年的历史作用和极端重要性的充分肯定，是青年工作始终沿着正确方向前进的根本保证。国有企业各级党组织要始终坚持对青年工作的绝对领导，把牢共青团是党的助手和后备军这一政治定位，指导共青团将提升青年的政治理论素养摆在突出位置，用好青年话语体系，讲好社会主义核心价值观，建设百舸争流、千帆竞发式的正向激励引导机制，履行好引领、组织、服务青年的职责使命。

要坚持以习近平新时代中国特色社会主义思想为青年工作的指导思想。国有企业共青团组织必须以习近平新时代中国特色社会主义思想为根本，认真研究习近平总书记关于青年工作的重要思想，结合公司发展和青年成才的实际需求，开展公司共青团理论研究与实践探索，围绕两个一百年奋斗目标和国有企业发展建设的目标任务，激发广大青年的历史责任感和使命感，动员广大青年在推进企业发展，为国有资产保驾护航的进程中建功立业，在国有企业这个经济建设主战场、重点项目第一线、基层实践大熔炉中贡献青年智慧和青年力量。

要坚持以马克思主义理论为青年员工思政引领的核心内容。国有企业共青团组织要始终坚持把马克思主义作为青年思想政治引领的核心内容，注重教育和帮助青年深入学习和钻研马克思主义理论，坚定理想信念，提高理论素养，铸牢正确的政治方向和价值取向，真学、真懂、真信、真用，主动运用马克思主义的立场观点方法，去分析解决一些深层次的思想观念问题，去创新创造新时代的精神文化，去践行中国特色社会主义的伟大实践。

（二）找准青年员工思想政治引领的"发力点"

要坚持调查研究常态化和科学化。国有企业共青团组织要围绕企业发展需求和青年工作中的突出问题，根据定量考察与定性分析相结合的原则，定期开展青年思想大调研，逐步形成内外结合、上下贯通的青年思想调查系统和高效灵敏的信息反馈机制。切实发挥企业团校等机构在调查研究中的"智力库"作用，做好调研信息的组织和协调工作，多层次、多渠道、多侧面地收集和分析有关青年的各类信息，真实反映国有企业青年思想状况。要注重调研结果的综合分析，对青年员工思想状况进行纵横向比较，摸清青年家底，做好人才台账，理清变化趋势，找准可为方向，为国有企业党组织提供可靠的青年制度决策依据。

要坚持阵地建设规模化和品牌化。团校是党在青年工作领域特色鲜明的政治学校，企业团校是国有企业党委领导下，对共青团干部、青年员工进行思想引领、能力提升的教育阵地，在推进国有企业青年工作、服务企业改革发展和青年员工成长成才方面具有重要作用。

（三）突出企业团校在青年政治教育中的"主阵地"作用

企业团校是国有企业党组织在青年工作领域特色鲜明的政治学校，其首要功能是政治功能。国有企业共青团组织要在党组织的指导下，为企业团校把准方向、定准目标，聚焦主责主业，规划统筹企业团校的学术理论建设、教培项目开发。企业团校要坚持以企业发展中的实际问题、青年最切身的利益问题、青年工作存在的实际问题为导向，以马克思主义为指导构建学理框架，做好话语转换，用学术讲政治，对党的思想理论和中央重大决策部署进行学理的科学阐释，讲透历史的规律、讲明政策的逻辑、讲出信仰的力量，引导青年员工对马克思主义及其中国化成果真学、真懂、真信、真用，全面提升国有企业团干部、青年骨干和青年员工的政治理论素养。

（四）强化企业团校在青年理论研究中的"智力库"作用

党历来高度重视理论建设和理论教育，运用马克思主义指导中国实践是党的看家本领。企业团校在教学与研究具体实践中，要"上接天气，下接地气"，把马克思主义意识形态、中国特色社会主义理论作为核心的教学内容和研究基础，把培养正确的政治观念和立场作为效果评价的核心标准。坚持实事求是、理论联系实际和问题导向，解答青年员工思想上的疑惑，把团课小课堂同社会大课堂结合起来，凡是青年员工普遍关注的热点话题和深层次问题，都要从历史和现实、理论和实践的结合上做出令人信服的回答。国有企业党组织要从政策上、制度上充分保障，为企业团校开展青年工作研究提供充分条件，培养有志于青年工作的研究团队，广泛联系研究青年和青年工作的专家学者，共同开发基于国有企业青年和青年工作的中长期研究课题。

（五）深化企业团校在青年人才培养中的"制高点"作用

限于分工和岗位的不同，青年员工很难自发形成独立的思想体系，也难以对工作生活中遇到的重大现实问题形成系统深入的见解，这就需要一支强而有力的师资队伍适时对其进行教育和引导。企业团校在师资建设过程中，容易陷入自有师资学术根基不强，外来师资理论不接地气的"两难"境地，要突围困境，并必须勇于自我突破，正视企业团校作为基层团校在理论沉淀上的先天不足，既要眼光向外借"外脑"，也要触角向内挖"潜力"，充分利用企业办学、企业内训师等有利条件，形成"外脑 + 内功"的双提升模式。要坚定团校自有师资的政治立场，保持"姓马"与"信马"的统一，夯实马克思主义理论和相关学科功底，为讲好团课厚植学术根基；要不断丰富团校教师教学艺术和实践经验，把有意义的事情讲得更有意思，克服"经验倒挂"的不足；要深挖潜力，将企业内优秀的党务、团青工作者、青年骨干培训为优秀的兼职内训师；要与企业党校、地方党校、团校和各高校进行战略合作，带动提升专兼职教师队伍的整体理论水平。

五、探索青年员工思想政治引领的"创新点"

创新国有企业青年员工思想政治引领工作，"新"在积极吸纳企业经济行为和社会活动中一切成功经验，将青年思政引领工作融入国有企业的经营和管理行为，提高内生动力，加强外在保障。国有企业共青团作为团结凝聚服务青年的先进群团组织，要从三个"转变"入手，探索青年员工思政引领的系统性创新。

（一）创新引领方式——从"行政型"向"服务型"转变

共青团作为群团组织，最大的工作资源就是广泛的青年群众基础，最大的活力就是青年群众的创新创造力，最能体现团的"政治性"和"先进性"的工作就是代表和维护青年的利益。国有企业共青团组织在进行青年思政引领的过程中，必须将"群众性"贯穿始终，注重刚性约束与柔性动员的有机结合，内部压力与内生动力的动态平衡，有效提升共青团组织服务能力和服务水平，增加引领手段的"感情温度"，立足青年特征，保持青年视角，用好青年话语，讲好青年故事，"润物无声"地引导青年听党话，跟党走，完成从"行政型"组织向"服务型"组织的快速转变。

（二）创新引领手段——从"活动主导"向"项目主导"转变

国有企业共青团组织要突破共青团长期以来熟悉的活动主导操作机制，在号手岗队、志愿服务、青年建功、青年创效上创新开展"项目主导"操作机制。要充分借鉴国有企业党建和生产经营的优秀经验，从工作方式和思路上转换脑筋，跳出统一时间、集中人员、大规模开展的固化思维，按照科学、系统、高效的项目化原则设计和组织开展工作。要科学认识项目制，把握其服务主体确定性、工作目标明确性、资源配置高效性、机制动作科学性、物质存在可视性、事业发展可持续性的总体特征，把握全局，准确定位，系统思考，精心动作，钻研"经营之道"，深究"育人之理"，鼓励各级基层团组织结合自身特点选好项目，加强策划、实施、评估、反馈的全过程管理，提升共青团思政引领品牌项目的影响力和美誉度。

（三）创新引领制度——从"经验主导"向"制度主导"转变

党的二十大报告提出，要坚持党中央集中统一领导是最高政治原则，系统完善党的领导制度体系。国有企业党组织谋划全局工作时，要从制度上保证"党建带团建"，把共青团和青年工作纳入党政工作总体部署之中，完善和扩大共青团组织在国有企业青年事务宏观管理中的主体和生力军作用。国有企业共青团组织要坚决贯彻执行党政相关政策，协助党组织将工作中的优势经验转化为青年工作制度，推动青年工作科学化、制度化、长效化发展。围绕青年岗位建功、创新创效、权益保护等内容，积极协助党组织构建广泛多层的青年工作体系，打造党政工团一体的"大思政"引领格局。

六、瞄准青年员工思想政治引领的"发展点"

社会工作是以助人自助为核心价值观、以服务个人与社会发展为宗旨的专业化职业与事业,借助其理念、方法、体系,可以给国有企业共青团组织的思想政治引领工作带来全新的发展途径。

(一)善用社会工作理念,坚定青年员工思政引领方向

社会工作价值观包括服务、社会正义、个人的尊严与价值、人际关系的重要性、正直和能力等方面,在具体工作过程中要求奉行助人自助、案主自决、保密等伦理标准。尽管社会工作价值观产生于西方,但本土化后,增加了维护家庭、社会和谐等内容,已与社会主义核心价值观一致。社会工作所倡导的助人理念、服务精神、诚信情怀与企业共青团的思想政治引领理念具有一致性和相通性。借鉴社会工作的价值伦理,可以有效强化以人为本、利他主义、丰厚服务与奉献社会的情怀,从而有助于坚定青年员工的政治信仰,内化依靠群众、联系群众、服务群众的思想。

(二)引入社会工作方式,优化青年员工思政引领方法

社会工作方式方法具有很强的专业性。社会工作者要具有同理性、共情能力、反思能力,能够采用多视角较为客观地看待与判断问题,并以日志、周志等具体的反思手段来优化工作流程,提升工作成效。尽管服务旨向的社会工作与育人旨向的共青团工作在政治性和先进性有较大不同,但在群众性方面,从工作结构、工作关系、工作方式上具有较高相似度。基于此,社会工作方式方法可以有效地迁移到国有企业共青团的具体工作中,以切实提升共青团组织对青年员工的吸引力与凝聚力。如建立线上线下相结合的即时性团组织,确保哪里有青年,团组织就延伸到哪里,做青年员工的"知心人";创设浓厚的感情氛围,增进共青团工作的情感浓度,做青年员工的"热心人";积极引入社会工作的沉浸体验、小组工作等方式,引导团干部和青年从社会现实、企业现实中寻找问题、围绕问题创设情境化、参与性的研讨方式,做青年员工的"引路人"。

(三)借鉴社会工作评估体系,评价青年员工思政引领成效

社会工作非常重视评估在服务成效鉴定、社工素质提升方面的重要作用,发展了系统化的评估理论及结构化的评价模式方法,在需求评估、绩效评估、方案评估等方面都构建了可量化、可操作的指标体系,保证了评估的精准、细致和深入。国有企业共青团组织可借鉴其体系与指标,制定青年思想政治素质培养指标体系及评

价标准，把青年员工工作绩效的提升效果等纳入对共青团思想政治引领质效的评价指标中，构建全员化、多层级的评价体系，打造党委管总、团委牵头、多方参与、同向发力、及时调整的青年员工思想政治引领新格局。

综上所述，国有企业共青团组织在青年员工思想政治引领工作中，要牢牢把握党管青年原则，坚持以习近平新时代中国特色社会主义思想和马克思主义理论为指导，打牢政治基础，稳固教育平台，创新引领手段，引进社会理念，充分发挥国有企业共青团组织在青年工作领域的生力军和突击队作用，为推动国有企业改革创新发展、促进经济社会发展、保障和改善民生，贡献青春智慧和青年力量。

第四节　国有企业共青团组织与青年人才培养

中国特色社会主义正处于新时代，国有企业仍是我国国民经济的重要支柱，依旧在关系到国民经济命脉的重要行业和关键领域占据主导地位。

当前形势下，我国社会主要矛盾发生了重要转变，过去落后的社会生产力水平虽得到了大幅度的提升，但是依旧处于发展不平衡不充分的状态。国有企业要主动担当起解决"不平衡不充分"矛盾的主力军的使命，通过提升自身供给质量和效率，增强企业竞争力和抗风险能力，把全面深化国有企业改革推向新阶段，从而带动我国经济迈向全球产业链、价值链的中高端位置。

在我国发展历程中，共青团作为共产党的后备军，为我国发展建设作出了极大贡献。在社会变革之下，国有企业在团结凝聚青年方面依然有较大优势。要对国企共青团职能再认识，必须认真把握共青团组织青年、引导青年、服务青年、维护青年合法权益等职能，尤其是要不断强化"服务青年"这一基本职能。充分发挥国有企业共青团组织的工作职能优势，不仅成为新时期创新组织工作模式的出发点，也构成了国有企业青年人才培养的新思路。

一、发挥共青团组织在青年人才培养中的优势

（一）注重共青团内外部的资源整合

对于任何一个组织乃至社会来说，青年都是最有活力、最有潜力的珍贵资源。青年中蕴藏着巨大能量，无时无刻都能喷发出无限的创意。团组织要发展，首先可以"就地取材"，通过不断地交流与合作去挖掘"青年"这一宝藏，凝聚整合企业中最宝贵的人力资源来不断体现出"青年"这一资源的意义，从而服务与青年群体自身。

虽然共青团组织资源有限，无法满足青年所有需求，但面对企业青年职业发展中的各种困难，团组织还应该努力去整合多方资源，对青年"帮一把"。首先，团组织要准确把握好青年实际需求；其次，要事先对于企业中各种资源分布和存量有所把握，这就要求平时有一定的积累；再次，要学会资源整合，使多方资源相互衔接起来，以适应青年多方要求；最后，当资源有所冲突时，能根据具体需求的轻重缓急合理分配手头资源。这就要求共青团组织及团干部有较强的资源整合能力。

（二）建立健全青年员工档案

国有企业共青团组织不仅要掌握青年基本信息，要想提高服务青年发展的水平，必须对企业的每一名青年的情况做到"心中有数，有迹可循"。定期开展青年座谈、问卷调查是了解青年需求最直接的方式。建立全面的青年员工档案，在这个档案中，不仅要有传统青年简历中的基本信息，还可以对青年婚恋情况、兴趣爱好、技能掌握情况等生活信息进行完善，特别是对青年在企业中的发展路径及个人规划进行初步的记录。发挥好青年员工档案的作用，广泛搭建青年人才实战平台，充分发挥团青组织推优荐才职能，为完善公司人才全链条机制贡献力量。

（三）加强共青团组织与青年的紧密联系

青年从大学刚毕业来到国有企业，年龄一般都在 25 岁左右，而学校教育很少包括入职后的职业规划。因此，处在这个年龄段的青年，对于自己的未来职业生涯规划往往处于迷茫期。"我的目标是什么？""这个企业是否适合我发展？"这些问题一般会在青年来到企业的前三年不断涌现，他们常常陷入对所在企业充满未知、对于未来充满期待，又忐忑不安的矛盾感中；同时希望快速融入、渴望"组织"的温暖，这就为共青团组织服务青年创造了最佳时机。

国有企业共青团组织如果想从根本上凝聚青年，加强与青年的联系则是工作的

重中之重。要始终以成为青年员工遇到困难时"想得起、找得到、靠得住"的力量为目标，提升精准服务青年的水平。

想要达到这个目标，可以在建立健全青年员工档案的基础上，定期开展青年调研，全方位了解青年需求，再集中优势资源和力量，帮助青年做好职业生涯规划，从入职开始，结合青年员工特质和企业要求，打造个性化职业生涯导航方案，并组织用人主体深入实施、持续改善，加强青年发展动态管理。

二、积极与上级沟通，争取资源和支持

国有企业共青团组织必须加强与企业党政的沟通，不断扩展实体资源和政策支持，获取更多的服务青年发展的实体资源和更大的支持力度。

（一）坚持党对青年工作的领导

理顺青年工作组织管理体系是加强青年工作的重要一环。按照"党管青年"原则，国有企业各级党组织应成立青年工作领导小组，由分管青年工作的委员任组长，进一步加强党对青年工作的领导。制定《青年工作领导小组工作规则》等配套制度，明确其基本原则、职责任务等内容。建议将"号手岗队"等青年建功平台作为安全生产、经营管理等中心工作的有机组成部分，统筹考虑，加强党对青年工作的领导，持续提升青年围绕中心、服务大局的能力。

（二）争取党政资源支持

国有企业共青团组织应该建立定期向企业党政汇报的机制。可以利用月度党群工作会议、总经理办公例会等，向企业党委及行政班子汇报组织工作计划、青年思想动态、发展情况，可借助具体事例、经典案例等方式汇报活动开展和工作推进过程中的困难，以此向企业党委争取政策和资源上的支持。要以共青团重大事项上党委会研究的契机，汇报共青团和青年工作的开展情况，配合党委、青年工作领导小组制定青年发展动态统计表，对工作情况进行汇报，让企业党政主要领导了解青年发展的现状、共青团开展工作的困难等情况。

（三）增强与业务部门的交流协作

国有企业共青团组织看似不具体负责某一块职能，但在青年的工作、生活、学习领域内，它都具有相关职能和责任。国有企业共青团组织应该强化与其他管理主体沟通交流，寻找与管理职能上的重合点，共同促进青年在企业内的更好、更全面的发展，全方位搭建青年成长平台。

（四）完善共青团干部和青年人才的培训体系

国有企业共青团要把培养团干部作为培养党的年轻干部的重要任务，加强团干部的配置和管理，从优秀青年人才中选拔和任用团干部，把团干部的选拔、交流、使用、管理纳入干部队伍建设整体规划，把优秀团干部充实到系统干部梯队建设中去。同时，共青团组织要会同人力资源部门办好各类青年人才培训，根据不同青年人才的特点进行差异化培训，让青年在工作中保持较高创造能力和积极性，在企业实现战略目标的同时完成自我价值实现，最终完成青年人才向人力资本的转变。

三、加强青年人才科技创新

科技是第一生产力。青年人思维活跃、朝气蓬勃，是最富活力、最具有创造力的群体。充分发挥青年在创新工作中的生力军作用，有助于营造国有企业良好的创新创效氛围。国有企业共青团组织要坚持创新驱动发展战略，以科技创新推动企业高质量发展。面向本行业科技前沿、面向企业生产经营一线、面向企业转型升级提质增效，积极开展重大技术攻关，努力在关键领域取得新突破，培育一批重大科技创新成果。

（一）加强思想引领，培育青年创新意识

国有企业共青团组织应通过举办科技创新主题团课、科学家故事分享会、"榜样的力量"座谈会等活动，深入宣传创新文化和科学家精神，让青年人才深刻认识到科技创新的重要意义和价值，激发他们对科技创新的向往和追求。

（二）搭建创新平台，提供青年创新机遇

探索构建青年创新培养体系，建立多层次、多维度的青年创新培养体系，针对不同阶段、不同层次的青年人才，制定个性化的培养方案。尤其注重对新入职青年员工的基础培养，通过提供基础培训课程、导师指导等，帮助他们快速融入企业创新环境；持续关注具有一定潜力的青年人才，通过"揭榜挂帅"等方式智力众筹，为他们提供参与创新项目的机会，锻炼实践能力；聚焦于选拔和培养优秀青年骨干，通过组织参加高端学术交流活动、承担重要科研项目等方式，致力于培养行业内具有影响力的青年创新领军人才，给予他们更多的资源支持和自主创新空间。

（三）举办各类创新活动，营造青年创新氛围

共青团组织可通过举办青年科技讲堂、青年创新论坛、科技企业走访、低碳清洁能源科普等活动，为青年人才创造知识交流、资源共享的平台。同时，积极组织

开展青年创新创意大赛、青年 QC 小组等活动，积极组织青年员工参加行业、协会等青年创新赛事，让他们在更广阔的舞台上展示创新成果，提升企业的知名度和影响力。

（四）建立青年创新阵地与生态

共青团组织可借助劳模创新工作室、QC 小组等创新资源，打造青年创新创效阵地，汇聚企业内不同专业领域的青年人才，形成创新合力。工作室和小组为青年人才提供设备、资金等资源支持，鼓励他们开展跨专业、跨领域的创新研究，解决企业面临的关键技术难题，推动科技成果转化和应用。组建覆盖企业各级的"青年创客联盟"，组织青年创客智力众筹攻关，培育青年创新创效工作良好环境，加大青年创新工作室建设力度，加强人才激励、成果转化等机制建设，构建一个创新资源高度汇聚、创意内容协同共享、创业成果转化落地的青创生态体系。

（五）完善激励机制，激发青年创新动力

具备条件的共青团组织可积极推动企业设立青年创新基金，并建立科学合理的基金评审和管理机制，确保基金能够精准投向具有创新性和发展潜力的项目，为青年人才的创新实践提供坚实的资金保障。

对青年人才的创新成果给予及时、充分的奖励，包括物质奖励和精神奖励。在物质奖励方面，设立青年创新创效项目等评选表彰，给予获奖者奖金、科研经费等支持，探索青创项目成果转化分红机制。在精神奖励方面，通过企业内部宣传平台、表彰大会等形式，对创新成果突出的青年人才进行广泛宣传和表彰，提升他们的荣誉感和成就感，激发青年人才投身科技创新的热情。

（六）提供职业发展晋升通道

将青年人才的科技创新成果与职业发展晋升紧密挂钩，为他们提供广阔的职业发展空间。对科技创新中表现优秀的青年人才，在职称评定、岗位晋升等方面给予优先考虑。例如，制定明确的制度，规定在核心技术研发、重大科研项目中取得突出成绩的青年人才，可破格晋升职称或提拔到重要管理岗位，激励青年人才积极投身科技创新，为企业发展贡献更大力量。

（七）建立容错纠错机制

科技创新具有高风险、高不确定性的特点，失败是创新过程中不可避免的环节。国有企业共青团组织应推动企业建立科技创新容错纠错机制，宽容"探索性失误"，形成"发现此路不通，也是一种无形资产"的正向共识。

四、以业务为导向挖掘青年潜能

国有企业的核心是业务。国有企业共青团组织在挖掘青年潜能上,必须牢牢把握以业务为核心。青年作为最具活力和创造力的群体,其潜能的挖掘对于业务的创新与发展至关重要。共青团以其独特的组织优势和资源,能够通过聚焦业务需求、搭建平台,为青年提供施展才华的机会,进而实现青年成长与业务提升的双赢局面。

面对挑战、找准定位、体现价值,首先要找准团组织工作的切入点、结合点、着力点,找准新时代青年发挥生力军和突击队作用的渠道和方式,拓展青年建功企业的时代内涵,广泛、精准、有效地组织带领青年服务大局。

坚持实效为本,构建青年岗位建功行动活动体系。国有企业团委要紧盯企业奋斗目标,瞄准工作中的重难点问题,组织单位各级团组织围绕安全生产、优质服务、提质增效、创新发展等一系列重点难点工作开展"团青+"行动,明确行动目标任务。

(一)在业务工作中充分展示青年价值与团组织优势

国有企业共青团组织应全面梳理青年员工信息,涵盖专业技能、项目经验、培训经历、专长特长等,将这些信息整理成详细的人才资源库,向业务部门展示青年员工的专业潜力与可塑性,让业务部门直观了解青年员工。

要在重点工作、重点项目、重点工程中组建青年突击队,具备条件的要同步建立临时团支部,创建青年"号手岗队",确保每一支队伍都纳入团组织管理。利用各单位"青年之家"打造特色阵地,将其作为展示公司团青工作的窗口。要突出团组织过往成绩,收集并整理共青团组织在以往各类活动或项目中取得的成果。比如,在电力抢修应急演练中,青年突击队迅速响应、高效协作,出色完成任务;电力志愿服务队在各类活动中策划的新颖宣传方式,有效提升了社会对电力行业的了解和认识。通过成绩展示,向业务部门证明团组织和团员青年具备组织协调能力,能够保障青年员工在实际业务项目中发挥积极作用。

(二)主动沟通,精准对接业务部门需求

定期开展业务交流会议。共青团组织应主动与业务部门建立定期沟通机制,如每月或每季度举办一次业务交流会议。在会议上,业务部门详细阐述当前项目计划、面临的技术难题,以及对人员技能的需求。例如,在电网升级改造项目中,业务部门提出需要掌握先进电缆敷设技术、具备数据分析能力以优化电网布局的人员。共青团则根据青年员工特点，推荐合适人选，并探讨如何针对项目需求对青年进行专项培训，确保青年能快速适应项目工作。

深入业务一线调研。共青团干部深入电力生产、运维、营销等业务一线，实地了解工作流程与实际困难。比如，在变电站运维一线，设备巡检工作强度大且存在一定安全风险，青年员工在引入智能化巡检技术方面有想法和热情。共青团组织将此情况反馈给业务部门，并提出组织青年开展智能化巡检技术研发应用项目的建议，与业务部门的降本增效、提升安全性等业务目标相契合，从而获得支持。

（三）建立合作共赢的项目参与机制

设立联合项目小组。与业务部门共同组建项目小组，成员包括业务骨干与青年员工。在电力营销创新项目中，业务部门的资深营销人员与具有创新思维的青年员工组成小组，共同开展市场调研、方案策划与推广执行。业务骨干凭借丰富经验把握项目方向，青年员工带来新的营销理念与技术应用思路，如利用大数据分析客户用电行为、开展线上互动式营销活动等。通过这种合作模式，青年员工在实践中学习成长，业务部门也能收获创新成果，实现双赢。

制定激励与考核机制。与业务部门协商制定针对青年员工参与项目的激励与考核机制。在项目完成后，根据青年员工在项目中的贡献，如提出的创新性建议被采纳、项目任务高效完成等，给予物质奖励，如奖金、奖品，以及精神奖励，如荣誉证书、内部通报表扬。同时，将项目表现纳入青年员工的绩效考核体系，与薪酬调整、晋升挂钩。对于业务部门，若青年员工在项目中表现出色，为部门带来显著效益，在部门评优评先中给予加分，提高青年员工参与的积极性。

（四）提供培训与支持，减少业务部门风险担忧

开展项目前专项培训。了解业务项目需求后，共青团组织联合企业培训部门或邀请外部专家，为参与项目的青年员工开展专项培训。在智能电网建设项目前，针对青年员工对新型电力设备、通信技术的知识短板，组织为期一周的集中培训，涵盖理论讲解、设备实操、案例分析等环节。通过培训，提升青年员工的业务能力，减少业务部门对青年因技能不足影响项目进度与质量的担忧。

建立项目过程辅导机制。在项目执行过程中，共青团组织与业务部门共同为青年员工提供辅导。安排经验丰富的业务导师与青年员工结对，定期进行沟通交流，解答青年在项目中遇到的技术问题、工作方法问题。同时，共青团组织定期收集青

年员工的反馈，协调解决项目资源不足、部门间沟通不畅等问题，保障项目顺利推进，让业务部门放心将青年纳入项目中。

五、培育青年员工社会责任感

青年员工是企业社会责任实践的重要参与者。国有企业共青团组织通过培育青年员工的社会责任感，能够引导他们积极投身企业的社会责任项目中。以电网企业为例，青年员工可以参与重大电力民生工程、重大电力保供、爱心助困、乡村扶贫与产业振兴等社会工作。

（一）强化社会责任教育，提升青年员工认知水平

国有企业共青团组织应联合企业培训部门，开发专门的社会责任培训课程。课程内容不仅要涵盖企业社会责任的基本概念、理论框架，还要结合各自企业的业务特点。以电网企业为例，课程需要详细讲解电网企业在能源保障、服务民生、环境保护等方面的社会责任，并在课程中介绍电网企业如何通过建设智能电网，提高能源利用效率，减少碳排放，为应对气候变化作出贡献。培训可以采用线上线下相结合的方式，线上通过网络课程平台提供丰富的学习资料，线下邀请专家学者、企业社会责任负责人进行专题讲座和案例分析，增强培训的实效性。

共青团组织可利用组织优势举办社会责任主题活动。组织开展知识竞赛、主题演讲比赛、征文活动等多样化的社会责任主题活动，进一步激发青年员工主动学习社会责任知识的热情，加深对企业社会责任的理解。

（二）搭建社会责任实践平台，促进青年员工知行合一

积极开展社区志愿服务活动。共青团组织可以社区为依托，开展常态化的志愿服务活动。例如，电网企业青年员工可以利用自身的专业知识，为社区居民提供用电安全检查、节能知识宣传、电器维修等服务。定期组织青年员工深入社区，为老旧小区的居民检查用电线路，更换老化的电器设备，消除安全隐患。这些活动不仅能为社区居民解决实际问题，还能让青年员工在与社区居民的互动中，增强社会责任感和服务意识。

组织动员青年参与企业社会责任报告编写，不仅能够让青年员工全面了解企业的社会责任工作，还能培养他们的团队协作能力和对企业的归属感。同时，通过参与社会责任报告的编写，青年员工能够更加清晰地认识到自己在企业社会责任实践中的角色和作用，从而激发他们积极参与社会责任实践的热情。

（三）营造社会责任文化氛围，增强青年员工的认同感

宣传企业社会责任理念与成果。利用企业内部宣传渠道，如企业网站、内部刊物、宣传栏等，广泛宣传企业的社会责任理念和实践成果。在企业网站上设立社会责任专栏，发布企业社会责任报告、社会责任活动动态等信息；在内部刊物上开设社会责任专题，刊登青年员工参与社会责任活动的心得体会和优秀案例；在宣传栏张贴社会责任宣传海报，展示企业在社会责任方面的工作亮点。通过全方位的宣传，让青年员工随时随地了解企业的社会责任工作，增强对企业社会责任理念的认同感。

面向青年员工选树社会责任先进榜样。在企业内部挖掘和树立社会责任榜样，通过榜样的力量激励青年员工。评选出在社会责任实践中表现突出的青年员工，将他们的先进事迹制作成视频、宣传册等资料，在企业内部进行广泛宣传。组织青年员工开展向榜样学习的活动，邀请榜样员工分享自己的经验和心得，让青年员工近距离感受榜样的力量，激发他们向榜样看齐、积极参与社会责任实践的热情。

将社会责任融入企业文化活动。例如，在企业组织的文艺汇演中，可以编排与社会责任相关的节目，如反映电网青年员工在参与抗灾抢险、重大保电、乡村振兴中的情景剧、微视频、情景党课等，通过将社会责任融入企业文化活动，营造浓厚的社会责任文化氛围，让青年员工在潜移默化中增强社会责任感。

第二章 团的组织怎么建设

第一节 团的基层组织

一、团的基层组织结构

团的基层委员会是团员代表大会（团员大会）闭会期间的领导机构，负责基层团的日常工作。团的基层委员会可根据工作需要设立适当的工作部门。《中国共产主义青年团章程》规定，团的基层委员会可下设团总支部（或支部），团总支部可下设团支部，团支部团员数量较多时，可设立若干团小组。

二、建立团的基层组织的基本条件

《中国共产主义青年团章程》规定，企业、农村、机关、学校、医院、科研院所、街道社区、社会组织、人民解放军连队、人民武装警察部队中队和其他基层单位，凡是有团员三人以上的，都应当建立团的基层组织。

团的基层组织，根据工作需要和团员人数，经上级团的委员会批准，分别设立团的基层委员会、总支部委员会、支部委员会。

在基层委员会、总支部下建立支部。工作需要的，在基层委员会下也可以建立总支部。在一个支部内可以分若干个小组。

支部委员会、总支部委员会由团员大会选举产生，其中大、中学校学生支部委员会每届任期一年，其他每届任期三年。基层委员会由团员大会或代表大会选举产生，每届任期三年至五年，一般与同级党的委员会任期保持一致。

三、团的基层组织的基本任务

（1）组织团员和青年学习马克思列宁主义、毛泽东思想、邓小平理论、"三个代表"重要思想、科学发展观、习近平新时代中国特色社会主义思想，学习党的路线、方针和政策，学习团章和团的基本知识，学习科学、文化、法律和业务。

（2）宣传、执行党和团组织的指示和决议，参与民主管理和民主监督，充分发挥团员的模范作用，积极创先争优，团结带领青年积极投身改革开放和现代化建设，为社会主义经济建设、政治建设、文化建设、社会建设、生态文明建设作贡献。

（3）教育团员和青年学习革命前辈，继承党的优良传统，发扬社会主义道德风尚，弘扬网上主旋律，树立与改革开放和社会发展相适应的新观念，自觉抵制不良倾向，坚决同各种违纪违法行为作斗争。

（4）了解和反映团员与青年的思想、要求，维护他们的权益，关心他们的学习、工作、生活和休息，开展文化、娱乐、体育活动。

（5）对要求入团的青年进行培养教育，做好经常性发展团员工作，收缴团费，办理超龄团员的离团手续。

（6）对团员进行教育、管理和服务，健全团的组织生活，落实"三会两制一课"制度，开展批评和自我批评，监督团员切实履行义务，保障团员的权利不受侵犯，表彰先进，执行团的纪律。

（7）对团员进行党的基本知识和党的历史教育，推荐优秀团员作党的发展对象；发现和培养青年中的优秀人才，推荐他们进入更重要的生产和工作岗位。

四、团的基层组织的产生

（1）团员人数在3人以上，30人以下的，可申请设立团支部。

（2）团员人数在30人以上，100人以下的，可申请设立团总支。

（3）团员人数在100人以上的，可申请设立团委。

（4）团员不足3人，青年（指28周岁以下）在15人以上的，应发展团员后建立团组织。

（5）团员不足3人且青年数量较少的可以就近与其他单位联合建立团组织。

五、团的基层组织的任期

团的支部委员会、总支部委员会由团员大会选举产生,每届任期三年,其中大、中学校学生支部委员会每届任期一年。

团的基层委员会由团员大会或团的代表大会选举产生,每届任期三年至五年。

团的支部委员会、总支部委员会、基层委员会任期届满应按期进行换届选举。如需提前或延期换届选举,应报同级党组织和上级团组织批准。延长期限不超过一年。

第二节　团支部的设置

一、团支部的成立

(1) 由本单位向所属上级团委提出建团申请。

(2) 上级团委下发批复,同意成立团组织。

(3) 召开全体团员大会,宣告团组织成立。

(4) 团员大会议程:按团内民主选举程序选举产生支部委员会,确定所有委员人数及名单,大会之后召开全体委员会议,选举书记(和副书记),商定近期工作内容,明确工作分工。

(5) 向上级团委递交关于选举结果的报告。

(6) 报告内容:选举工作情况;选举产生的书记、副书记、委员名单。

(7) 上级团组织下发批文。

(8) 收到批复后,团组织正式成立。

二、团支部的撤销

(1) 提出撤销团支部的请示。

(2) 团委(总支)对所属支部撤销(合并)要召开团委(总支)会议集体研究

讨论决定。团委（总支）同意后，要把撤销团支部的请示上报上级党组织。撤销团支部的请示要写明撤销该支部的理由，该支部团员人数、撤销后的团员去向等。

（3）上级党组织批复。

（4）上级团组织收到团委（总支）上报的撤销团支部的请示后，要在进一步了解情况的基础上立会集体讨论审批，并将批复及时发至提出呈请的团委（总支）。

（5）妥善安排撤销支部后团员的组织生活。

（6）团委（总支）接到批复后，要通知被撤销支部的所有团员，告知他们所去的团组织，并开具组织关系介绍信，将组织关系转到新的团支部，使他们能及时参加组织生活。

三、团支部的变更

（1）以书面形式写一份《关于要求变更团支部名称的请示》，并提交上级团组织审核。

（2）经上级团组织书面形式的《关于同意变更团支部名称的批复》即可变更为新名称。

第三节　团支部委员会的设置

一、团支部书记

团支部书记的主要职责如下。

（1）抓好支委会的自身建设。

（2）认真了解党支部、上级团委（总支）的工作指示和决议，团结带领支部团员创造性地完成各项工作任务。

（3）协助公司团委开展一系列活动，传达贯彻党支部和上级团委（总支）的指示和决议，研究和计划团支部的工作，将支部工作中的重大问题及时提交支委会和团员大会讨论决定，必要时要果断决策。

（4）检查支部的工作计划、决议的执行情况，组织实施支部的各项活动，出现问题及时向支委会、团员大会报告。

（5）了解、反映青年的思想、要求和呼声，维护他们的正当权益，关心他们的工作和生活，开展文化、娱乐、体育活动，服务于青年的全面发展。

（6）经常向党组织和上级团组织反映情况、请示工作，加强和行政部门的密切联系，努力为团支部工作创造良好的外部环境。

（7）坚持完成上级部门及团组织交办的其他工作。

二、学习委员

学习委员的主要职责如下。

（1）协助团支部书记做好对青年职工的培训管理工作，对青年职工进行相关法律法规以及权利和义务的培训。

（2）加强支部组织建设，随时掌握青年的具体情况。当有调动时，要及时办理组织相关手续，并做好登记工作。

（3）及时组织收缴团费，并登记在册。

（4）组织和配合开展各类活动竞赛。

（5）制定团支部相关制度，包括竞赛、培训等。

（6）建立健全并保管好团支部档案材料。

（7）协助支部书记做好优秀团员等先进个人和单位的考核评优工作，搜集和整理职工模范事迹材料。

（8）完成上级部门及团组织交办的其他工作。

三、纪律委员

纪律委员的主要职责如下。

（1）负责组织团支部青年的纪律管理，帮助协调青年解决在工作中遇到的实际问题。

（2）组织青年积极参加志愿者培训和活动，积极参加社会义务劳动。

（3）注意充分发挥共青团的突击队作用和激励广大青年不断创新性工作。

（4）组织青年学习遵守劳动纪律、技术操作规程、安全操作规程等劳动方面的政策、法令；开展合理化建议等活动。

（5）加强对支部人员的管理教育。

（6）协调宣传委员做好宣传工作及主体活动的开展。

（7）完成上级部门及团组织交办的其他工作。

四、宣传委员

宣传委员的主要职责如下。

（1）负责团支部的宣传工作，组织青年做好正确的宣传工作。

（2）深入青年之中，及时了解其思想动态，根据不同时期思想政治教育内容确定宣传工作重点。

（3）抓好对团支部先进个人或集体的宣传工作，以及组织好青年，对平时表现十分突出的青年进行追踪报道和宣传。

（4）抓好上级文件和精神的传达和学习。

（5）完成上级部门及团组织交办的其他工作。

五、其他委员

其他委员由团支部根据上级的要求和本支部实际需求设置，并确定委员职责，具体可参照团委机构设置。

第四节 团小组的设置

一、团小组的职责

根据《中国共产主义青年团基层组织"三会两制一课"实施细则（试行）》第十八条的规定，团小组是团支部的组成部分，不是团的一级组织，在支部委员会的领导下开展工作，负责对本小组团员进行教育、管理、监督和服务。

二、团支部委员和团小组的关系

团支部委员是团支部委员会的成员，他在受团支部委员会的委托向团小组传达布置工作时，是代表团支部委员会的，在组织上他和团小组是领导与被领导的关系。

同时，团支部委员又是团支部的一名普通团员，应毫无例外地编入一个团小组参加团小组的活动。在团小组会上，只要他不是受到团支部委员会的委托向团小组布置工作，他的发言就只能代表个人意见，他和团小组的关系就是个人和组织的关系。在贯彻执行团支部决议时，团支部委员也是一名普通团员，团支部委员自己也应该把自己放在普通团员的地位，虚心接受团小组的批评和监督，用自己的模范行动去带动小组的其他团员贯彻执行团支部的决定。

三、团小组长的产生

根据《中国共产主义青年团基层组织"三会两制一课"实施细则（试行）》第二十条的规定，团小组长不需经选举产生，可由支部委员会指定或由本小组团员推选，任期一般应与支部委员会任期相同，可根据工作需要进行调整。

四、团小组长的职责

（1）团小组长在团支部委员会的领导下开展各项工作和活动，带领组织团小组团员认真执行支部决议。

（2）每月组织至少1次团小组会，组织团员学习团章和党、团的基本知识，学习党的路线、方针、政策，传达上级团组织和团支部的决议，开展批评和自我批评，人员参与率70%以上，要求有记录。

（3）经常向支部汇报小组人员的思想、工作、学习情况和贯彻执行支部决议情况。

（4）关心团员青年的进步，经常和团员青年开展谈心活动，并主动向团组织反映团员青年的意见和要求。

（5）向团支部推荐发展团员对象。

（6）做好团费的收缴工作。

第三章 团的会议怎么召开

第一节 团的代表大会

一、团的代表大会制度

团的代表大会即中国共产主义青年团团员代表大会,简称"团代会",是由共青团员采取民主选举方式选出的代表参加的大会。团的代表大会是团的组织的最高权力机关。

团的代表大会制度是团内重要的组织制度,为了保证团代表大会的权威性和严肃性,团内选举规则根据《中国共产主义青年团章程》规定,对各级团代表大会的届期、职权、规模、代表构成与产生办法、召集会议方式及召开会议的报批程序等都作了具体规定,这些规定的总和就形成了团的代表大会制度的具体内容。

团的中央委员会每届任期五年,团的地方委员会每届任期五年,团的基层委员会每届任期两年或三年,其中大、中学校学生支部委员会每届任期一年。

二、团内民主选举制度

团内民主选举制度是共青团组织按照民主集中制原则产生团的各级代表大会的代表和委员会的组织规程,是团内民主选举的原则、方法、组织和程序等规定的总和。其中,《中国共产主义青年团章程》中关于团内民主选举的条文是团内民主选举制度的总则,团有关选举工作的条例、规则、办法、意见等都是依据团章确定的原则制定的。团内民主选举制度是团的一项重要法规。

根据共青团中央关于印发《中国共产主义青年团基层组织选举规则》的通知（中青发〔2016〕第15号）第三条的规定："团的支部委员会、总支部委员会由团员大会选举产生，团的基层委员会由团员大会或团的代表大会选举产生。"《中国共产主义青年团章程》第十三条规定："团的县级和县级以上委员会在必要时可以召集代表会议，讨论和决定需要由代表大会解决的重大问题。代表会议可以调整和增选委员会的部分成员。"

三、团的代表大会的主要任务

根据《中国共产主义青年团章程》第十六条和第十九条的规定，团的全国代表大会的职权是：

（一）审查和批准中央委员会的工作报告；（二）讨论和决定全团的工作方针、任务和有关重大事项；（三）修改团的章程；（四）选举中央委员会。

团的地方各级代表大会的职权是：

（一）审查和批准同级委员会的工作报告；（二）讨论和决定本地区团的工作任务和有关重要事项；（三）选举同级委员会；（四）选举出席上一级团的代表大会的代表。

第二节　支部团员大会

一、支部团员大会的形式

支部团员大会又叫作支部大会，是由团的支部委员会召集的支部全体团员参加的会议。支部大会是团支部的最高领导机构，在团支部中享有最高决策权、选举权和监督权。

根据是否进行换届选举，支部团员大会可以分为进行换届选举的支部大会和没有换届选举任务的支部大会。

支部团员大会一般每季度召开一次，根据工作需要可随时召开，但是换届选举的支部团员大会必须在委员会任期届满时召开,提前或延期换届选举需报请同级党组织和上级团组织同意,延长期限不超过一年。

二、支部团员大会的主要任务

根据《中国共产主义青年团基层组织"三会两制一课"实施细则(试行)》,支部团员大会的主要任务包括以下11项。

(1)学习党的理论,学习习近平总书记系列重要讲话精神。

(2)传达学习党的路线、方针、政策和团的政策文件、重要会议精神,传达同级党组织、上级团组织的决议、指示等,研究制定贯彻落实的计划和措施。

(3)听取和讨论支部委员会的工作报告,对支部委员会的工作进行审议和监督。

(4)选举新的支部委员会和出席上级团代会的代表,增补和罢免支部委员。

(5)讨论接收新团员。

(6)开展团员教育评议工作。

(7)研究决定对团员的奖励,推荐优秀团员作入党积极分子。

(8)讨论通过对团员的处分。

(9)决定除名要求退团和自行脱团的团员。

(10)开好团支部组织生活会。

(11)研究决定本支部其他重要事项。

三、支部团员大会的决议

支部团员大会是团支部的最高领导机构,是支部全体成员共同讨论决定重要问题的会议。凡属提交支部大会讨论决定的重要问题,一般都应作出决议或决定。支部大会决议是按一定的组织秩序逐步形成的。

(1)形成决议草案。支部委员会可事先研究提交支部大会讨论的问题,提出初步意见、方案等,以便团员在大会上讨论研究。

(2)展开民主讨论。对需要形成决议的问题,支部大会应当发扬民主,让团员充分发表意见。在讨论议题时,要鼓励和支持团员充分发表意见,要创造畅所欲言、各抒己见的良好氛围,给每一个团员都提供发表意见的机会。在支部大会上,支部委员认为确有必要时,可将支部委员会在讨论某个问题时的不同意见向支部大会作介绍，供到会团员进行讨论。

（3）进行逐一表决。支部大会进行表决时，本支部到会的有表决权的团员超过应到会团员总数的三分之二，方可进行表决。对需要形成决议的问题，应当发扬民主，在团员充分发表意见的基础上进行表决，作出决议。对多个事项或多个名单进行表决时，应逐一表决。支部大会选举和讨论接收新团员应采用无记名投票的方式，其他表决可采取举手或无记名投票的方式，按照少数服从多数的原则作出。表决赞成票数超过到会有表决权团员数的二分之一即为通过。

（4）支部大会所作出的决定、通过的决议，要呈报至上级团委审批。上级团委批准后，要及时向团员公布。

四、支部团员大会的选举程序

支部团员大会的选举由支部委员会主持，涉及换届的支部团员大会由上届团的委员会主持。主要程序如下。

（1）支部团员大会主持人报告团员人数。说明本支部共有多少团员，实际到会的有选举权和被选举权的团员有多少。按照《中国共产主义青年团基层组织选举工作条例》的规定，团员大会、团的代表大会和团的基层委员会有选举权的到会人数超过应到会人数的三分之二，方可进行选举。如果人数不足，选举应改期进行。

（2）通过支部团员大会选举办法。

（3）宣布下届支部委员会组成人数和候选人初步名单，提交大会表决通过，产生正式候选人名单（直接投票选举产生支部委员会委员的，没有此项内容）。

（4）选举设监票人，负责对选举全过程进行监督。

（5）选举设计票人。计票人的工作接受监票人监督。

（6）监票人当场检查票箱，计票人分发选票。大会主持人说明填写选票的注意事项。

（7）选举人填写选票，并按指定顺序投票。

（8）监票人、计票人将投票人数和票数加以核对，作出记录，确认选举是否有效。

（9）计票人在监票人监督下计票。

（10）监票人签字并公布候选人的得票数。

（11）会议主持人宣布当选人名单。

样例 3-1

××分公司团支部关于召开支部团员大会的请示

××公司团委：

根据《中国共产主义青年团章程》《中国共产主义青年团基层组织选举工作条例》相关规定，××公司团支部任期将届满。经团支部研究决定，拟于××年××月××旬召开××分公司团支部团员大会进行换届选举。现将有关事宜请示如下：

一、大会主要议程

1.听取和审议本届团支部委员会的工作报告。

2.选举新一届团支部委员会。

二、支部委员会组成人员名额及候选人名额

新一届支部委员会拟由××名同志组成，设1名团支部书记。按照不少于20%的差额，提名新一届支部委员会组成人员候选人××名（含差额××名），其中书记候选人1名。

三、选举办法

1.新一届支部委员会组成人员由团员大会进行无记名投票差额选举产生，差额不少于应选人数的20%。

2.团支部书记由新一届支部委员会第一次全体会议进行无记名投票等额选举产生。

妥否，请批示。

共青团××分公司支部委员会

（盖章）

××年××月××日

样例 3-2

××公司团委关于同意召开××分公司团支部团员大会的批复

××分公司团支部：

你支部《关于召开支部团员大会的请示》已收悉。经公司团委研究，现批复如下：

同意你支部于××年××月××旬召开支部大会；同意大会议程。

同意你支部新一届委员会由××名同志组成，提名委员候选人××名，以无记名投票方式实行差额选举；同意你支部新一届委员会设书记1名，以无记名投票方式实行等额选举。

请按照《中国共产主义青年团章程》和《中国共产主义青年团基层组织选举工作条例》有关规定，认真做好大会各项筹备和选举工作。

此复。

共青团××公司委员会

（盖章）

××年××月××日

样例 3-3

××分公司团支部关于新一届支部委员会组成人员候选人预备人选的请示

××公司团委：

根据《关于同意召开××分公司团支部团员大会的批复》和有关规定，××分公司团支部组织全体团员广泛酝酿推荐了新一届支部委员会组成人员候选人初步人选，结合多数团员酝酿推荐意见，于××年××月××日召开了支委会讨论确定了候选人预备人选名单。现将有关事宜请示如下：

经公司团委和××分公司党支部批准，××分公司团支部新一届支部委员会组成人员共××名，其中书记1名。按照差额比例不少于20%的要求，提出××、××、××、××、××等××名同志（按姓氏笔画排序）为新一届支部委员会组成人员候选人预备人选。其中，×同志为书记候选人预备人选。

妥否，请批示。

共青团××分公司支部委员会

××年××月××日

第三节　支部委员会

一、支部委员会的主要任务

支部委员会由支部大会选举产生，是支部在大会闭会期间的领导机构，在支部工作中发挥核心作用，负责支部的日常工作，向同级党组织、上级团组织和支部大会报告工作，接受审查和监督。支部委员会会议一般每月召开一次，根据工作需要可随时召开。

根据《中国共产主义青年团基层组织"三会两制一课"实施细则（试行）》，支部委员会会议的主要任务如下。

（1）学习党的理论，学习习近平总书记系列重要讲话精神。

（2）宣传和执行党的路线、方针、政策，学习团的政策和重要会议精神，执行同级党组织、上级团组织的决议、指示等。

（3）贯彻落实支部大会的决议和工作安排。

（4）研究制定团支部工作计划，起草工作报告。

（5）研究确定提交支部大会审议的议题。

（6）研究确定入团积极分子和团员发展对象。

（7）研究讨论支部团员教育评议意见，决定对团员奖励，研究提出团员处分意见。

（8）讨论检查支部自身建设工作，研究制定支部相关制度。

（9）研究解决支部、团员的问题和困难。

（10）开好团支部委员会组织生活会。

（11）研究其他需要支部委员会讨论决定和贯彻执行的事项。

二、支部委员会会议的表决

根据《中国共产主义青年团基层组织"三会两制一课"实施细则（试行）》第十五条的规定，支部委员会会议进行表决时，参加表决的委员超过应到委员总数的三分之二，方可进行表决。对需要形成决议的问题，应当发扬民主，在委员充分发表意见的基础上进行表决，作出决议。对多个事项或多个名单进行表决时，应逐一表决。表决可采取举手、口头、无记名投票或记名投票方式，按照少数服从多数的原则作出。表决赞成票数超过到会委员数的二分之一即为通过。

三、支部委员会的会议记录

根据《中国共产主义青年团基层组织"三会两制一课"实施细则（试行）》第十七条的规定，支部委员会会议应做好会议记录并长期保存。记录内容包括会议时间、地点、委员出席情况、会议议题、每位委员发言摘要、通过的决议等。

四、支部委员会的议事规则和决策程序

健全议事规则和决策程序，是支部委员会实行集体领导与个人分工负责相结合制度的内在要求，是健全支部委员会制度的重要内容。支部委员会议事规则和决策程序的基本内容如下。

（1）支部委员会坚持民主集中制原则，实行集体领导与个人分工负责相结合的制度。按照集体领导、民主集中、个别酝酿、会议决定的原则，讨论决定重大问题。凡属支部委员会职责范围内的重大问题，都必须按照少数服从多数的原则，由团的支部委员会集体讨论决定，支部委员会任何成员都不能个人决定重大问题。

（2）按照议事规则，应当由支部委员会集体讨论决定的事项必须列入会议议程。支部委员会会议的议题由团支部书记或者团支部书记委托的会议召集人确定。

对重大突发事件和紧急情况，来不及召开会议研究，必须由个人作出决定时，团支部书记或者副书记可随机处置，事后应及时向支部委员会报告。

（3）支部委员会会议由团支部书记召集并主持。如支部书记空缺或因故缺席，可由支部副书记或支部委员召集。

（4）支部委员会会议召开的时间和议题应当提前通知支部委员会成员。与会人员应当按照会议通知要求，认真做好准备。

（5）支部委员会会议讨论决定事项应当充分发扬民主。对于少数人的不同意见，应当认真考虑。

（6）支部委员会讨论和决定重大问题要严格执行规定的程序。

（7）支部委员会会议应做记录，表决结果和表决方式应当记录在案，各种意见和主要理由也应如实记录。

（8）对于应当经支部委员会集体讨论决定的事项而未经集体讨论，也未征求其他成员意见，由个人或少数人决定的，除遇紧急情况外，应当区别情况追究主要责任人的责任。支部委员会成员不遵守、不执行集体的决定，或未能按照集体的决定和分工履行自己的职责，给工作造成损失的，应当追究责任。

五、支部委员会的扩大会议

有时因工作需要，如传达布置某项工作、动员完成某项紧急任务时，为了争取时间，减少层次，更好地统一骨干的思想，可以召开支部委员会扩大会议，吸收团小组长和有关团员列席会议，听取他们的意见。召开支部委员会扩大会议时，应注意以下几个问题。

（1）召开支部委员会扩大会议必须有半数以上的支部委员参加，否则不应称为支部委员会扩大会议。

（2）支部委员会扩大会议要扩大到多大范围，应根据所研究问题的内容来确定。研究团内问题与研究其他问题所吸收的对象应有所区别。

（3）列席参加支部委员会扩大会议的同志，在会上可以充分发表意见，但作决定时无表决权。

（4）扩大会议不宜开得过多，更不能以支部委员会扩大会议来代替支部委员会会议。

六、支部委员会的请示报告制度

请示报告制度是共青团的一项基本制度。根据团章和团内有关规定,团支部委员会请示报告制度的基本内容如下。

(1)支部委员会定期向同级党组织和上级团组织报告工作。对政策上把握不准的问题随时请示报告,对同级党组织和上级团组织布置的工作要及时汇报完成情况,主动接受同级党组织和上级团组织的领导和监督。

(2)支部委员会定期向支部团员大会报告工作,听取团员的意见,接受团员的评议和监督。

(3)团的组织生活是团内政治生活的重要组成部分,是团组织对团员进行思想政治教育和团员自我教育的具体形式,是加强团的思想建设和组织建设的重要途径。根据团章规定,每个团员都必须编入团的一个支部,参加团的组织生活,接受团组织的教育和监督。

(4)入团积极分子联系人、入团介绍人应当定期向团支部(团小组)汇报被介绍人的思想、工作、学习等情况。

第四节 团小组会议

一、团小组会议的主要任务

团小组是团支部的组成部分,不是团的一级组织,在支部委员会的领导下开展工作,负责对本小组团员进行教育、管理、监督和服务。

团小组会议的主要任务如下。

(1)组织团员学习党的理论,学习习近平总书记系列重要讲话精神。

(2)组织团员学习党的路线、方针、政策和决议、重要会议精神。

(3)贯彻落实上级团组织、支部大会和支部委员会的工作部署。

(4)酝酿支部大会有关选举候选人。

（5）开展团员教育评议工作。

（6）对支部接收新团员、推荐优秀团员作入党积极分子、奖励和处分团员提出意见。

（7）听取和反映团员青年的意见和要求。

（8）开好团小组组织生活会。

（9）研究其他需要团小组会议讨论决定和贯彻执行的事项。

二、团小组会议的召开时间

根据《中国共产主义青年团基层组织"三会两制一课"实施细则（试行）》第十八条的规定，团小组会由团小组长负责召集，可根据工作需要随时召开。

三、团小组会议的注意事项

开好团小组会要注意抓住四个环。

（1）会前要与团支部沟通，确定内容、方法，通知团员做好准备。

开会前，团小组长应与支部书记或有关支部委员商定团小组会议的内容、召开的方法以及应注意的问题，并将议题事先通知小组团员，让大家做好准备。

（2）抓住中心内容讨论，力求统一思想。团小组长应掌握好中心议题，引导团员围绕议题发表意见、展开讨论，防止出现漫无边际、离题太远的现象。对容易发生意见分歧的问题，团小组长应组织大家反复讨论，力求做到在分清利弊的基础上尽量统一思想。

（3）明确责任，及时督促检查议定内容。根据会议讨论情况，确定需要落实的具体事项，制定切实可行的落实措施，并明确责任分工，及时督促检查议定事项的落实情况。

（4）做好记录，向支部汇报。团小组会由团小组长做好会议记录，还应在会议结束前进行归纳小结，并根据支部的决议和指示精神对团员提出要求。团小组会结束后，应及时将团小组会的情况向支部汇报。

样例 3-4

团支部会议（活动）记录

团组织名称：　　　　　　　　团组织书记（签字）：

类别	☐主题团日　☐支部大会　☐支部委员会 ☐团小组会　☐团课　☐其他活动			
时间		地点		
主持人		记录人		
应到人数		实到人数		缺席人数
缺席人员及事由					
参加人员签名					
主要内容					

注意事项：1.团支部开展活动主要参与对象为团员及35岁以下青年。主题团日的参加范围为团员、入团积极分子。2.主题团日每月开展1次，应记录团日主题。主题团日与支部大会结合开展的，支部大会议程应单列、分别记录。3.如需记录的内容较多，可附页记录后粘贴在表内。无照片可不贴。

样例 3-5

××专题组织生活会谈心谈话记录

团组织名称：

时间		地点		
谈话发起人		职务		政治面貌
谈话对象		职务		政治面貌
谈话主内容					
征求意见情况					

谈话双方签字：　　　　　　　　　　　　　　　年　月　日

样例 3-6

××专题组织生活会
团支委班子对照检查材料

团组织名称
（　年　月　日）

×××××（简短开篇语）。

一、××组织生活会整改措施落实情况（逐项）

×××××

×××××

二、××支部工作开展情况

×××××

三、存在的问题

（主要对照履行团章规定的职责任务，对照落实党中央和上级团组织部署要求，对照完成团史学习教育、专项整治、巡视巡察以及上年度组织生活会等问题整改情况，对照人民群众的新期待，全面查找在发挥政治功能和组织力等方面的问题和不足。）

×××××

四、整改措施

（一）×××××

……

（二）×××××

……

样例 3-7

×× 专题组织生活会相互批评意见表

团组织名称：　　　　　　　　　　　　　　提出人：

姓名	批评意见内容	备注

样例 3-8

××专题组织生活会记录

团组织名称：　　　　　　　　　　　团组织书记（签字）：

主题			
时间		地点	
主持人		记录人	
应到人数		实到人数		缺席人数	
缺席人员及事由			
列席指导人员			
会前集中学习情况			
组织生活会内容			

注意事项：

1. 团组织生活会每年至少召开1次；

2. 组织生活会一般和团员教育评议结合开展；

3. "会前集中学习情况"重点记录学习内容、学习形式、学习效果等；

4. "组织生活会内容"重点记录会议流程、团员发言要点，特别是开展批评和自我批评的情况、党团组织负责人的点评情况。

样例 3-9

××专题组织生活会团支部检视问题清单

团组织名称：　　　　　　　　　　　日期：　年　月　日

序号	问题描述	问题来源
1		
2		

注：问题来源包括查摆问题、团员检视。

样例 3-10

××年度民主评议团员测评表

序号	姓名	测评等级				备注
		优秀	合格	基本合格	不合格	

注：请在您认为合适的栏内打"√"，优秀等次团员应控制在参加评议团员总人数的30%。

样例 3-11

××年度团员教育评议表

所在团支部							
姓名		性别		出生年月		工作时间	
团内职务		入团时间		文化程度		岗位职务	
受过何种奖惩							
个人总结（500字以内）							
自我认定	优秀		合格			不合格	
团（总）支部评议意见	团支部书记签名： 年　月　日						
团总支（委）审查意见	团总支（委）书记签名： （团委盖章） 年　月　日						
备注							

注意事项：

1. 本表双面打印；
2. 请用打印机打印，使用蓝黑或黑色笔填写，评议结束后存入个人档案；
3. 自我认定栏请在合适处打"√"。

样例 3-12

××年度团员教育评议结果记录表

团组织名称：　　　　　　　　　　团组织负责人签名：

1. 本单位团员总数　　人
2. 参加活动团员数　　人，占团员总数　　%
3. 评出优秀团员数　　人，占参评人数　　%
优秀团员
4. 评出合格团员数　　人，占参评人数　　%
5. 评出不合格团员数　　人，占参评人数　　%
6. 暂缓注册团员数　　人，占参评人数　　%
7. 团员填写"团员教育评议表"　　人
8. 纳新团员数　　人
9. 办理超龄离团数　　人
10. 处分团员　　人
11. 团员年度注册率　　%
12. 向党组织推荐优秀团员入党数　　人

注意事项：保留团籍的党员应积极参加党的组织生活，可不参加团员教育评议，自愿参加者不限，团支部书记应参加。

样例 3-13

××专题组织生活会总结

会议基本情况……
一、扎实安排，做好会前准备
1.××××××
2.××××××

3.××××××

二、严肃认真，开展批评与自我批评

1.××××××

2.××××××

3.××××××

三、严格要求，民主评议团员

1.××××××

2.××××××

3.××××××

四、明确方向，狠抓整改落实

1.××××××

2.××××××

3.××××××

五、整理思路，制定下一步工作措施

1.××××××

2.××××××

3.××××××

样例 3-14

××专题组织生活会问题整改清单

团组织名称： 　　　　　　　　　　日期： 年 月 日

序号	整改事项	整改事项来源	责任人	整改措施	整改时限	整改情况
1						
2						

样例 3-15

××团支部××年度团员民主评议结果统计表

| 团员总数 | ×人 | 保留团籍的党员（含预备党员）总数 | ×人 | 参加评议团员总数 | ×人 | 统计时间 | |

序号	标准\姓名	政治面貌	思想政治				岗位建功				创先争优				组织贡献				评议结果总数				总得分	评议等次
			优秀	合格	基本合格	不合格	优秀	合格	基本合格	不合格	优秀	合格	基本合格	不合格	优秀	合格	基本合格	不合格	优秀	合格	基本合格	不合格		
1	张三	共青团员	7	1	1	0	5	2	2	0	5	1	3	0	4	3	2	0	21	7	8	0	85	优秀
2	李四	中共党员	6	2	1	0	5	2	2	0	5	1	3	0	4	3	2	0	20	8	8	0	84	—

注意事项：

1. 评议等次为"优秀"的不能超过参加评议团员总数的 30%。

2. 得分说明：优秀 3 分 / 票，合格 2 分 / 票，基本合格 1 分 / 票，不合格 0 分 / 票。

3. 评议结果总数中的优秀、合格、基本合格、不合格等次数量为思想政治、岗位建功、创先争优、组织贡献中各类等次数量之和。

4. 中共党员（含预备党员）也要参加民主评议，但不填写评议等次，选择"—"即可。

样例 3-16

××专题组织生活会和民主评议团员情况报告

团组织名称：

年　月　日

一、会前准备情况

二、查摆问题情况

三、开展批评与自我批评情况

四、制定整改措施情况

五、民主评议团员情况

（正文控制在 1500 字左右）

第四章 团的工作怎么开展

第一节 新团员发展

一、发展团员的手续

严格、科学、规范的程序是提高发展团员工作质量的重要保障。《关于加强新形势下发展团员和团员管理工作的意见》指出:"严格按照团章程序和有关规定发展团员,把履行入团程序作为对新团员进行团员意识教育的重要内容。入团积极分子的推荐确定、培养考察,新团员的大会表决、审批、宣誓、教育等各个环节都要做到程序严格、手续完备。"

根据修订后的《中国共产主义青年团发展团员工作细则》,发展团员程序如下。

(1)在入团申请人中择优确定入团积极分子。

(2)团组织对入团积极分子进行教育、培养和考察。

(3)团支部委员会应在入团积极分子中讨论确定发展对象。

(4)团支部委员会将发展对象报具有审批权限的基层团委预审。

(5)基层团委对发展对象的条件、培养教育情况等进行预审。

(6)基层团委将预审结果以书面形式通知团支部委员会,并向预审合格的发展对象发放《入团志愿书》。

(7)发展对象认真如实填写《入团志愿书》。

(8)团支部委员会检查《入团志愿书》是否合格。

(9)支部大会讨论接收青年入团。

（10）团支部及时将支部大会决议写入《入团志愿书》，连同本人入团申请书一并报上级团组织审批。

（11）基层团委审批接收新团员。

（12）团支部通过支部书记或委员谈话的郑重方式及时将上级团组织批准青年入团的决定通知本人并在支部大会上宣布（对于未被批准入团的青年，团支部也应将情况及时通知本人，帮助其认识自己的不足，鼓励其继续努力进步）。

（13）被批准入团的青年，从支部大会通过之日起取得团籍、计算团龄，并交纳团费。

（14）新团员参加入团仪式。

（15）团组织将新团员的《入团志愿书》存入本人人事档案，由档案管理部门统一管理。

二、团员入团仪式

《中国共产主义青年团章程》第五条规定，新团员必须参加入团仪式，在团旗下进行入团宣誓。誓词如下：我志愿加入中国共产主义青年团，坚决拥护中国共产党的领导，遵守团的章程，执行团的决议，履行团员义务，严守团的纪律，勤奋学习，积极工作，吃苦在前，享受在后，为共产主义事业而奋斗。

《中国共产主义青年团入团仪式仪程规范（试行）》规定：青年加入中国共产主义青年团要举行入团仪式。一般在新团员入团3个月以内举行，或在党和国家重要节日、纪念日以及中国青年运动相关重要纪念日前后举行。入团仪式可以在室内举行，也可以在室外举行，主要场地包括：团员青年日常学习、工作地点，爱国主义教育基地、革命传统教育基地，青年之家、党群活动阵地等。中国共产主义青年团入团仪式主要分为颁发礼和宣誓礼。

《中国共产主义青年团发展团员工作细则》要求新团员应当参加入团仪式，并制定相应《入团仪式规定》，明确了入团仪式的基本原则、基本程序及相关要求。

根据《中国共产主义青年团发展团员工作细则》第二十七条的规定，入团仪式可以由团的基层委员会、总支部委员会或支部委员会组织。在入团仪式上，由上级团组织的代表或本级团组织的负责人带领新团员宣誓，并向新团员颁发团员证和团徽。团员证需由团的县级委员会或其授权办理颁发团员证具体事宜的基层团委加盖钢印。入团仪式可以邀请同级党组织的负责人参加。

第二节　共青团推优入党

一、推优入党推荐条件

推荐优秀共青团员作党的发展对象（以下简称"推优"）是党赋予共青团组织的一项光荣的任务，也是党建带团建的重要体现。根据《关于加强新形势下发展团员和团员管理工作的意见》等有关团内规定，推优入党有以下要求。

（1）改进推荐优秀团员作党的发展对象工作，将其作为基层团组织的重要职责，进一步完善推优工作机制。

（2）推荐对象应具有1年以上的团龄，推优的比例一般不超过团支部人数的20%，每次推荐有效期为2年。

（3）要将推优工作的重点放在对入党积极分子的培养教育上，配合基层党组织做好相关工作，使育优和推优有效衔接。

（4）要注重推荐青年工人、农民、学生、知识分子中的优秀团员作为党的发展对象。

二、优秀青年人才推荐基本条件

第一，政治思想上先进。坚持以马克思列宁主义、毛泽东思想、邓小平理论、"三个代表"重要思想、科学发展观、习近平新时代中国特色社会主义思想为指导。坚决维护习近平总书记党中央的核心、全党的核心地位，坚决维护党中央权威和集中统一领导，在思想上政治上行动上同党中央保持高度一致。高扬理想信念旗帜，坚定共产主义远大理想和中国特色社会主义共同理想，坚决拥护党的领导，坚定中国特色社会主义道路自信、理论自信、制度自信、文化自信，坚定对党的政治认同、思想认同、情感认同。热爱祖国、热爱人民、热爱社会主义。旗帜鲜明反对和抵制违背党中央精神的错误言行，积极弘扬主旋律、传播正能量，坚持传播党的政策主张，主动面向身边青年开展思想引领工作。

第二，道德品行上先进。自觉树立和践行社会主义核心价值观，自觉弘扬爱国主义、集体主义、社会主义精神，积极传承中华优秀传统文化、革命文化、社会主义先进文化,带头倡导良好社会风气。积极锤炼高尚品格,践行和倡导社会公德、职业道德、家庭美德。主动成为注册志愿者,积极参加志愿服务。主动成为网络文明志愿者,积极参与构建清朗网络空间。积极联系青年,热心帮助他人。

第三,发挥作用上先进。励志勤学、敏于求知、增长才干,不断提高与时代发展和事业要求相适应的素质和能力,做到德智体美劳全面发展。爱岗敬业,脚踏实地履职尽责,立足岗位争先创优。勇于到条件艰苦的基层、国家建设的一线、项目攻关的前沿经受锻炼,艰苦奋斗。有探索真知、求真务实的态度,在立足本职的创新创造中不断积累经验、取得成果。积极参加团组织的活动,对团组织交给的工作认真负责,积极为团组织工作出谋划策,在团员青年中能起到表率作用。

第四,执行纪律上先进。积极向共产党员标准看齐,自觉遵守国家法律法规,坚决贯彻依法治国基本方略,在尊法学法守法用法中作表率。模范遵守团章团纪,认真执行团的决议,自觉履行团员义务,积极参加团的组织生活和团的活动。带头遵守本单位各项规章制度。

三、推荐程序

推优入党工作的程序如下。

(1)召开团员大会,由团支部委员会介绍申请入党的团员情况,团员进行民主评议,提出推荐对象。

(2)团支部委员会在对推荐对象进行认真考察的基础上,讨论确定推荐名单,填写推荐对象审核表,报上一级团组织审定。

(3)上级团组织进一步考察审核后,签署意见向党支部推荐。

(4)党组织要重视团组织的推荐意见,及时讨论研究,对被推荐的优秀团员,条件成熟的可以确定为发展对象,需要进一步培养、教育的可以列为入党积极分子。

样例 4-1

××分公司团支部关于召开"推优"大会的请示

××公司团委:

根据××公司××年发展党员工作计划和共青团推优入党工作相关要求,××团支部拟于××年××月××日召开"推优"大会。××团支部现有团员××人,拟推荐入党积极分子(发展对象)候选人××名。

经过团支部充分考察和酝酿,拟推荐×××、×××、×××(按姓氏笔画排序)为入党积极分子(发展对象)候选人。

妥否,请批示。

附件:入党积极分子(发展对象)候选人情况汇总表

共青团××分公司支部委员会
××年××月××日

附件

入党积极分子(发展对象)候选人情况汇总表

序号	姓名	性别	民族	出生年月	籍贯	学历学位	岗位	入团时间	提交入党申请书(确定为入党积极分子)时间
例	李××	男	汉	199×年×月	四川成都	研究生学历,硕士学位	变电运检高级工	200×年×月	201×年×月

共青团××分公司支部委员会
××年××月××日

样例 4-2

××公司团委关于同意××分公司团支部召开"推优"大会的批复

××分公司团支部：

《××分公司团支部关于召开"推优"大会的请示》已收悉，经研究，批复如下。

同意××团支部于××年××月召开"推优"大会。

同意××团支部推荐入党积极分子（发展对象）×名，同意你推荐名单。

请按照"推优"大会程序推荐产生入党积极分子（发展对象）候选人。

此复。

共青团××公司委员会
××年××月××日

样例 4-3

××团支部关于推荐×××、×××等为入党积极分子（发展对象）候选人的决议

×××团支部于××××年××月××日召开"推优"大会，应到会团员数××人，参会团员数××人，符合推荐要求。经大会无记名投票和支部委员会考察，确定推荐×××、×××（按姓氏笔画排序）等为入党积极分子（发展对象）候选人。

支部书记、委员签字：

共青团××分公司支部委员会
××年××月××日

样例 4-4

××团支部关于推荐×××、×××等为
入党积极分子（发展对象）的公示

×××团支部于××××年××月××日召开"推优"大会，应到会团员数××人，参会团员数××人，符合推荐要求。经大会无记名投票和支部委员会考察，确定推荐×××、×××（按姓氏笔画排序）等为入党积极分子（发展对象）候选人。特此公示。如有异议，请联系×××××××××。

公示日期：××××年××月××日—××××年××月××日

附件：入党积极分子（发展对象）候选人信息

共青团××分公司支部委员会
××年××月××日

附件

入党积极分子（发展对象）候选人信息

姓名，性别，民族，出生年月，籍贯，学历学位，现工作岗位，入团时间，提交入党申请书（确定为入党积极分子）时间。

例：李×，男，汉族，199×年×月出生，××人，研究生学历，硕士学位，现任变电运检班变电运检高级工，200×年×月加入共青团，201×年×月提交入党申请书。

样例 4-5

××团支部关于"推优"大会情况的报告

××公司团委：

××团支部于××年××月××日召开"推优"大会，大会应参加团员××名，实到团员××名，符合推荐条件。经大会推荐和支委会考察，确定×××、×××、×××（按姓氏笔画排序）为入党积极分子（发展对象）候选人。候选人已于××××年××月××日至××××年××月××日公示5个工作日，群众无异议。

特此报告。

附件：入党积极分子（发展对象）候选人情况汇总表

共青团××分公司支部委员会
××年××月××日

附件

入党积极分子（发展对象）候选人情况汇总表

序号	姓名	性别	民族	出生年月	籍贯	学历学位	岗位	入团时间	提交入党申请书（确定为入党积极分子）时间
例	李××	男	汉	199×年×月	四川绵阳	研究生学历，硕士学位	变电运检高级工	200×年×月	201×年×月

共青团××分公司支部委员会
××年××月××日

样例 4-6

团组织"推优"产生入党积极分子（发展对象）候选人审核表

姓名		性别		出生年月		照片
参工时间		入团时间		提交入党申请书时间		
积极分子确定时间		所在团支部				
岗位（职务）						
个人表现						
工作学习经历						
获奖情况						
团员大会"推优"情况	团支部总人数		团员大会参会人数	推荐票数	不推荐票数	弃权票数
公示情况及团支部意见					签名（盖章）： 年 月 日	
上级团组织意见					签名（盖章）： 年 月 日	
党支部意见					签名（盖章）： 年 月 日	

注：本表一式三份，党支部、上级团组织、团支部各保存一份。

样例 4-7

35 岁以下青年发展为入党积极分子（发展对象）征求团组织意见审核表

姓名		性别		出生年月		照片
参工时间		入团时间		提交入党申请书时间		
积极分子确定时间			所在团支部			
岗位（职务）						
个人表现						
工作学习经历						
获奖情况						
团支部意见	签名（盖章）： 年　月　日					
上级团组织意见	签名（盖章）： 年　月　日					
党支部意见	签名（盖章）： 年　月　日					

注：本表一式三份，党支部、上级团组织、团支部各保存一份。

样例 4-8

××公司团委关于推荐××为入党积极分子（发展对象）的函

中共×××分公司支部委员会：

根据《共青团中央印发〈共青团推优入党工作实施办法（试行）〉的通知》（中青发〔2019〕9号）相关要求，××团支部于××××年××月××日召开"推优"大会，经大会推荐和支部委员会考察，确定推荐×××为入党积极分子（发展对象）候选人。推荐结果于××××年××月××日至××××年××月××日公示5个工作日，群众无异议。

××××年××月××日，××分公司团支部将"推优"结果报送共青团××公司委员会。经团委考察研究，同意推荐×××为入党积极分子（发展对象），现就有关情况函告如下。

一、建议将×××列为你支部入党积极分子（发展对象）。

二、×××个人简介。×××，女，汉族。××××年××月生，××人，××学历，现任××公司××××，××年××月加入共青团，××××年××月递交入党申请书。

请予支持为盼。

共青团×××公司委员会

××××年××月××日

第三节　团员教育管理

一、团员教育的内容

根据团员教育基本目标的要求，团员教育的主要内容如下。

（一）中国特色社会主义理论体系教育

中国特色社会主义理论体系，是指包括邓小平理论、"三个代表"重要思想、科学发展观和习近平新时代中国特色社会主义思想等在内的科学理论体系。这个理论体系，坚持和发展了马克思列宁主义、毛泽东思想，凝结了几代中国共产党人带领人民不懈奋斗的智慧和心血，是马克思主义中国化的最新成果，是党最宝贵的精神财富，是全国各族人民团结奋斗的共同思想基础。在团员中开展中国特色社会主义理论体系教育，让广大团员全面了解这个理论体系的孕育、形成和不断发展完善的过程，真正领会这个理论体系的精神实质，加深对这个理论体系科学性、正确性的理解；全面认识我国仍处于并将长期处于社会主义初级阶段的基本国情，正确看待改革发展过程中的矛盾和问题，在深刻认识我国基本国情中保持清醒头脑、站稳立场；不断增强道路自信、理论自信、制度自信和文化自信，不断增强为实现中华民族伟大复兴中国梦而奋斗的责任感、使命感，凝聚起推进中华民族伟大复兴中国梦的强大力量。

（二）团的基本知识教育

共青团要加强自身建设，增强自身的吸引力、凝聚力和战斗力，就必须调动和发挥广大团员青年的积极性和主动性，就必须继承和发扬共青团的优良传统，学习和借鉴各地团组织的宝贵经验。为此，各级团组织要加强团的基本知识教育，积极引导团员青年学习团史、了解团章、掌握团务。要把握团员青年的心理特点，尽量运用团员青年喜闻乐见的方式方法进行团的基本知识教育，让广大团员青年易于理解和接受。要将团章的内容、团的光荣历史和优良传统，与团员的学习、工作和生活实际结合起来，做到寓教于乐，做到生活化、无痕化。这种"随风潜入夜，润物细无声"的潜移默化效果，定会胜过隔靴搔痒式的单纯说教。

（三）社会主义民主和法制教育

广大团员青年在求真求实、求知求高的同时，对自身合法权益的维护更加自觉，民主诉求更加强烈。团组织要积极组织团员青年在管理国家和社会事务中发挥民主参与和民主监督作用，健全团内民主制度，增强青年的法治意识，提高青年的法律知识水平。各级团组织要充分利用团的会议、团的报刊和其他各类宣传阵地，进一步加强对宪法的基本知识，与青年生活密切相关的民事、刑事、行政管理等法律知识，现代法学的基本理论和中国特色社会主义法律体系中的基本法律原则、法律制度，以及民法、刑法、行政法的规范学习，有意识地培养青年强化法律意识和法治观念。同时，定期公布团内的活动程序和结果，通过交流互动，切实维护团员青年的知情权和建议权。通过基层团组织的民主法治建设，使团员青年学习和掌握社会主义民主和法治的基本知识，自觉遵纪守法。按照民主集中制原则和正常民主程序，参与团内管理与社会监督。

（四）时事政策教育

时事政策教育历来是共青团思想政治工作的一个重要内容，是共青团团结青年跟党走的一个基本方法，是共青团引导青年为实现中华民族伟大复兴的中国梦而奋斗的一个重要途径。在团员教育中讲解国内政治、经济形势以及国际形势，讲解党的方针政策，对于提高团员青年的思想觉悟、认清自己的责任和义务是必要的。

在团员教育中，共青团要引导和帮助他们全面地、辩证地、发展地看待当前我国的经济政治形势，分清主流和支流，本质和现象，全局和局部，长远利益和眼前利益，国家利益、集体利益和个人利益，从而引导团员青年正确处理好理想和现实、个人和全局的关系，做到乐观自信、积极进取。

二、团员教育的主要方式

（一）学习培训

通过讲授团课、开设专题讲座、举行报告会和组织专题研讨等方式，组织好团员的集中学习培训。引导团员认真开展自学，积极为团员自学创造条件、提供帮助。举办读书活动、知识竞赛、演讲比赛和自编自演文艺节目等喜闻乐见的形式，可以使学习活动更加丰富和生动。采用网络教学、电化教学、远程教学等多种信息化教育方式，丰富和完善学习培训手段。

（二）主题教育

充分发挥共青团组织的动员优势和活动优势，使主题教育成为对团员进行经常性教育的重要手段。重点开展"永远跟党走""爱国主义教育"等主题教育。以重大活动、传统节日和重大历史事件纪念日为契机，集中开展形式多样、丰富多彩的主题团日活动。在团员中广泛开展"举团旗、学《中国共产主义青年团章程》、唱团歌、戴团徽""重温入团誓词""学理论知团情"等主题学习活动。

（三）实践活动

结合自身实际，深入落实本行业、本领域团的重点活动项目，组织团员深入基层，深入生产一线，通过多种渠道、采取多种形式开展实践活动，教育、引导团员在实践中学习、成长和提高。鼓励团员青年到西部、到基层经受锻炼，到艰苦地区、艰苦岗位无私奉献，增长才干。

（四）典型示范带动

积极培养和选树青年典型，广泛宣传青年典型的先进事迹，教育和激励广大团员青年。通过组织青年典型事迹报告团，举办座谈会、报告会和理论研讨会等方式，扩大青年典型的社会影响，营造崇尚先进、学习先进、争当先进的良好氛围，要改进和创新青年典型的宣传方式，走近青年，贴近生活，不断提高宣传教育工作的实效。

三、团员教育的信息化管理

（1）督促团员认真履行团章规定的团员义务，在学习、工作、生活中发挥模范带头作用。要求团员认真执行团的决议，积极参加团的工作和活动，认真完成团组织分配的任务，按时交纳团费。

（2）加强团员档案管理，认真做好流动团员管理和团组织关系转接。

（3）创新团员管理手段，逐步建设推广集基础团务管理、团干部管理和团的工作管理于一体的全国"智慧团建"系统。

第四节 团员教育评议

一、团员教育评议制度的主要内容和流程

根据《中国共产主义青年团基层组织"三会两制一课"实施细则（试行）》第二十七条的规定，团员教育评议的主要内容和流程如下。

（1）团支部组织团员开展学习教育，每名团员围绕在评议年度内的个人表现和发挥团员作用情况等撰写自我评价材料。

（2）召开支部大会或团小组会议，每名团员根据学习教育情况和所准备材料进行自我评价。

（3）其他团员对其进行评议，肯定成绩、指出不足。

（4）以支部为单位对所有团员进行测评投票。

（5）支部委员会综合个人自评、团员互评和测评投票结果，结合团员日常表现，研究提出每名团员的建议评议等次，报上级委员会批准。

（6）做好评议结果的运用。

根据《中国共产主义青年团基层组织"三会两制一课"实施细则（试行）》第二十六条的规定，召开支部大会开展团员教育评议工作，到会团员超过应到会团员总数的三分之二方可进行评议。

二、团员教育评议的方式和目的

根据《中国共产主义青年团基层组织"三会两制一课"实施细则（试行）》第二十三条的规定，团员教育评议采用学习教育、自我评价和组织评议相结合的方式，对团员的表现和作用发挥情况作出综合评价，并通过评优和处理等方式，达到激励团员、整顿队伍、纯洁组织的目的。

三、团员教育评议的对象

根据《中国共产主义青年团基层组织"三会两制一课"实施细则（试行）》第二十四条的规定，教育评议的对象为全体团员。保留团籍的共产党员应积极参加党的组织生活，可不参加团员教育评议和年度团籍注册，自愿参加者不限。

第五节　团员年度团籍注册

一、团员年度团籍注册制度的主要内容

根据《中国共产主义青年团基层组织"三会两制一课"实施细则（试行）》第三十九条至四十一条的规定，团员年度团籍注册应结合团员教育评议工作进行，根据团员评议结果，给予注册、暂缓注册或不予注册。

对团员评议等次为基本合格以上的团员，由基层团委在其团员证"团籍注册"栏内填写注册时间、评议等次，并加盖注册印章。

对团员评议等次为不合格的团员，基层团委应当对其暂缓注册三至六个月。暂缓注册期满后，对再次评议等次为合格的团员，及时给予注册；评议等次依然为不合格的团员，依照团员教育评议相关规定进行处理，不予注册。

二、团员年度团籍注册的程序

根据《中国共产主义青年团基层组织"三会两制一课"实施细则（试行）》第三十八条的规定，团员年度团籍注册以团支部为单位进行，团支部一般应在每年一月份为团员办理年度团籍注册手续。学校团组织一般应在秋季开学后的一个月内完成团员注册工作。超过规定注册时间一年未注册的团员证即为失效。

三、团员年度团籍注册的补充说明

（1）对团员评议等次为不合格的团员，基层团委应当对其暂缓注册三至六个月。暂缓注册期满后，对再次评议等次为合格的团员，及时给予注册；评议等次依然为不合格的团员，依照团员教育评议相关规定进行处理，不予注册。

（2）受团内警告、严重警告、撤销团内职务处分的团员，如能正常参加团的活动，按时交纳团费，一般可予以注册。

（3）受留团察看处分的团员，留团察看期间不予注册，留团察看期满后，恢复了团员权利的及时注册。

（4）受开除团籍处分的团员，不再为其注册，并将有关情况书面报上级委员会备案。

（5）流动团员外出时间不满六个月的，应在原团组织参加团员教育评议，进行团籍注册；团员外出地或工作单位相对固定，外出时间六个月以上的，一般应将组织关系转入外出地或工作单位相应的团组织，并参加教育评议，进行团籍注册。

四、团员档案管理

《中国共产主义青年团团员教育管理工作条例（试行）》第五章第二十三条规定：自发展团员工作开始，团组织应建立团员个人档案。团员档案主要包括《中国共产主义青年团入团志愿书》、入团申请书、入团积极分子培养考察（团校学习结业）材料、团员证、团员登记表、团内奖惩材料等。入团志愿书是首要团员档案。

团员档案应当按国家规定纳入学籍档案或人事档案。学生团员档案一般纳入学籍档案进行管理，原则上随学籍档案转移，由学校团组织管理。已建立人事档案的，由具备人事档案管理权限的用人单位，或由县级以上公共就业和人才服务机构、授权管理服务机构等人事档案管理服务机构统一管理；未建立人事档案的，一般由县级团委统一管理，有条件的地方也可由乡镇、街道团组织管理。

团员档案遗失或不完整的，一般由其隶属团组织或入团时所在单位团组织出具证明。团员身份核实无误的，可按程序补办团员登记表、团员证等作为团员身份证明，不补办入团志愿书。补办团员档案及相关证明材料须真实可信，对提供虚假材料和档案的应当追究相关单位和个人的责任。

样例 4-9

中国共产主义青年团团员登记表

姓名	申请人真实姓名	性别	男/女	民族	×族	出生年月	××××年×月（公历）
籍贯	与本人户籍信息一致，具体到县（市、区、旗）	职业	如实填写，学生填明学段（如：初中学生、高中学生、中职学生、大学生）			入团审批时间	××××年×月×日（上级团委审批时间）
居民身份证号码			准确填写，信息前后一致			团员编号	2017年后入团填写（共12位数）
单位			本人现在学校或工作单位的规范全称，如无，填写"无"，不可空缺。若是在校学生，则填现在就读学校				

续表

现居住地	现固定居住的详细地点（不等于实际居住地，如在校大学生应填写其本人家庭的固定居住地），现役军人可不填写。 如：×省×市×县（市、区）×镇（乡、街道）×村（社区）×号
家庭主要成员情况	家庭主要成员（直系亲属）姓名、职业、政治面貌
曾在团内任何职务	任职团组织的规范全称及职务 如无，填写"无"，不可空缺
在团内受过何种奖励或处分	1. 如实填写，写明受奖励的时间、经何单位授予、获奖名称等，获奖原因可不填。如：××××年×月，获得××学校"三号学生"称号/被团××县（市、区）委授予"优秀共青团员"称号。 2. 如实填写受到纪律处分、刑事处罚等情况。 3. 如无，填写"无"，不可空缺
个人简历	学习经历从小学填起，工作经历要连续，起止年月要衔接 ××××年9月—××××年6月 ×省×市×县（市、区）×小学，学生，证明人 ××××年9月—××××年6月 …… ××××年9月—××××年6月 …… ××××年9月—××××年6月 …… ××××年7月—××××年9月 毕业待就业 或：××××年7月至今 ×省×市××单位，职员，证明人

何时何地何人介绍入团	如实填写，写明入团时间、入团介绍人所在团支部、2名入团介绍人姓名。如：××××年×月×日，由××××××（入团介绍人所在团支部规范全称）×××、×××介绍，经支部大会研究和无记名投票表决，赞成票×张，反对票×张，弃权票×张（尽量填齐），同意×××加入中国共产主义青年团。	证明人姓名及现在工作单位	如实填写，写明第一、第二入团介绍人姓名，学校或工作单位的规范全称及职务身份，联系电话。如：×省×市×县（市、区）×中学教师或×省×市×县（市、区）×企业职员。

入团志愿书遗失情况	例：在材料交接过程中，不慎将入团志愿书/入团档案遗失。 由隶属团组织或入团时所在单位团组织出具证明，可附本登记表后。
支部意见	情况属实，同意×××补办《中国共产主义青年团团员登记表》。 1. 由×××现在所在的团支部负责为其补办《中国共产主义青年团团员登记表》。 2. 支部书记签名，填写落款时间。 支部书记签名： 年 月 日
基层团委审查意见	经审查，证明×××团员身份的证明材料真实、清楚、完整，同意×××补办《中国共产主义青年团团员登记表》，入团时间从××××年×月×日算起（与当时支部大会通过时间一致）。 1. 由×××现在所在的团支部的上级团委进行审查批复。 2. 审批团组织负责人签名后，加盖团组织印章。 签名（盖章）： 年 月 日
说明	（一）遗失"入团志愿书"的团员，填写此表格。 （二）此表存入人事档案或团员档案作为团员身份证明。

备注：此表一式三份，所在团支部、审批团组织、个人档案各一份。

第六节 团费管理

一、团费的使用要求

根据《关于中国共产主义青年团团费收缴、使用和管理的规定》第十六条至二十条的规定，团费使用的要求如下。

（1）使用团费应当坚持统筹安排、量入为出、收支平衡、略有结余的原则。

（2）使用团费要向农村、街道社区和其他有困难的基层团组织倾斜。

（3）团费只能用于团的事业和团的活动的必要开支，不得变相或超范围使用团费。

（4）使用和下拨团费，必须集体讨论决定，不得个人或者少数人说了算。

（5）请求下拨团费的请示，应当向上一级团组织提出，不得越级申请。上级团组织下拨的团费，必须专款专用，不得挪作他用。

二、团费的使用范围

根据《关于中国共产主义青年团团费收缴、使用和管理的规定》第十八条的规定，团费的具体使用范围包括：

（1）培训团员、团干部；

（2）订阅或购买用于开展团员教育的报刊、资料和音像制品；

（3）购买团旗、团徽等团务用品；

（4）表彰先进基层团组织、优秀共青团员和优秀共青团干部；

（5）补助生活困难的团员；

（6）补助遭受严重自然灾害的团员和修缮因灾受损的基层团组织设施；

（7）基层团组织开展活动。

第七节 离团、脱团、退团

一、团员离团

根据《中国共产主义青年团基层组织"三会两制一课"实施细则（试行）》第四十四条的规定，团员年满28周岁，没有担任团内职务，应当办理离团手续。团员加入共产党以后仍保留团籍，年满28周岁，没有在团内担任职务，不再保留团籍。办理超龄离团手续，须在团员证上"离团手续"栏内注明该同志的离团时间，并加盖团组织公章，转由其本人保存，作为永久性纪念。

二、团员脱团

团章第八条规定，团员没有正当理由，连续六个月不交纳团费、不过团的组织生活，或连续六个月不做团组织分配的工作，均被认为是自行脱团。团员自行脱团，应由支部大会决定除名，并报上级委员会批准。

三、团员退团

团章第八条规定，团员有退团的自由。团员要求退团应向支部委员会递交书面报告，由支部大会决定除名，并报上级委员会备案。

样例 4-10

超龄团员离团仪式

根据2019年共青团中央办公厅印发的《超龄离团仪式规定（试行）》，超龄团员离团时，团组织可以自行选择按照以下方式举行离团仪式。

（一）基本原则

1.坚持政治引领。牢牢把握培养中国特色社会主义事业合格建设者和可靠接班人的根本任务，引领离团青年增强"四个意识"，坚定"四个自信"，做到"两个维护"。

2.坚持全员组织。有超龄团员的基层团组织,都应当组织开展超龄离团仪式。团员年满28周岁,没有担任团内职务,应当参加超龄离团仪式。

3.坚持程序规范。举行超龄离团仪式要做到基本程序规范到位,各个环节严谨顺畅,体现仪式的严肃性和庄重性。

(二)基本程序

1.奏唱团歌。

2.宣布超龄团员名单。

3.学习习近平总书记对青年的寄语(如习近平总书记关于青年工作的重要思想的相关论述)。

4.超龄团员代表发言(如回顾团内经历,畅谈感悟体会,表达进步愿望等)。

5.上级团组织代表或本级团组织负责人讲话(如肯定超龄团员成绩,表达希望和祝愿等)。

6.党组织负责人或青年党员代表讲话(如对超龄团员提出希望,对团组织、团员提出要求等)。

7.超龄团员重温入团誓词。

8.党组织负责人或青年党员代表、上级团组织代表或本级团组织负责人为超龄团员摘下团徽徽章,赠送《中国共产党章程》。

9.奏唱国歌。

超龄团员离团后,团员证、团徽徽章由本人保存,留作纪念。有条件的团组织可为超龄团员颁发离团纪念证书。在严格履行基本程序的基础上,可丰富超龄离团仪式内容和形式。

(三)有关要求

1.超龄离团仪式由团的基层委员会、总支部委员会或支部委员会组织。团小组不能组织。应当组织团员代表参加,邀请党组织负责人或青年党员出席并讲话。仪式一般应于团员年满28周岁后6个月内进行。

2.超龄离团仪式可选择在"五四"、"七一"、"十一"、"一二·九"等时间节点举行。

3.举行超龄离团仪式的现场应当悬挂团旗。地点既可以在单位内,也可以在爱国主义教育基地、革命传统教育基地、国防教育基地、志愿服务场地、青年之家、学校等有教育意义的地点或团员青年活动场所举行。

4.各级团的领导机关要加强对基层团组织超龄离团仪式规定落实情况的指导和检查，注重总结推广基层团组织的好做法、好经验。对已经超龄离团的青年，基层团组织要继续履行好组织、宣传、凝聚、服务的职责。

样例4-11

共青团××支部委员会关于团员脱团的请示

××公司团委：

因×××团员连续六个月不履行团员义务（具体脱团原因），共青团×××分公司支部委员会根据《中国共产主义青年团章程》第一章第八条规定，经××××年××月××日召开团员大会研究决定，拟对×××团员从共青团×××分公司支部委员会除名。

妥否，请批示。

共青团×××分公司支部委员会

××××年××月××日

样例4-12

共青团××公司委员会关于××分公司支部委员会团员脱团的批复

共青团××分公司支部委员会：

你支部提请的《共青团××支部委员会关于团员脱团的请示》已收悉，经召开团委会集体讨论，原则上同意你支部提请的关于团员脱团的请示，请做好脱团团员后续相关工作。

共青团××公司委员会

××××年××月××日

样例 4-13

团员脱团确认书

因×××团员连续六个月不履行团员义务（具体脱团原因），共青团×××支部委员会根据《中国共产主义青年团章程》第一章第八条规定，认为×××团员有脱团意愿。经与×××团员沟通，×××自愿脱离团组织。

脱团团员（签字）：
××××年××月××日

第八节　奖励和处分

一、团员奖励的条件

团章第七条规定，对于模范履行团员义务、在社会主义现代化建设和保卫祖国的事业中有显著成绩的团员，团的组织应当给以奖励。奖励分为：（1）通报表扬；（2）由团的中央、省、市、县级委员会和基层团委授予优秀共青团员称号。

二、团员处分的形式

根据团章第三十二条的规定，对于违反团的纪律的团员，团的组织应当本着惩前毖后、治病救人的精神，进行批评和帮助，情节严重的，给予纪律处分。

对团员的纪律处分分为：

（1）警告；

（2）严重警告；

（3）撤销团内职务；

（4）留团察看；

（5）开除团籍。

留团察看的时间为六个月或一年。团员在留团察看期间没有选举权、被选举权和表决权，不得作青年入团的介绍人。留团察看期满，改正了错误的，应当及时恢复其团员的上述权利；坚持错误不改的，应当开除团籍。

样例 4-14

关于给予 ×× 团组织 / 同志团纪处分的建议

共青团 ××（支部）委员会（受处分对象所在团组织）：

×× 至 ×× 日，×× 公司纪委办公室（或者业务部门）组织对信访反映 ×× 等有关问题进行了初核，基本查清了 ×× 同志的主要违纪事实。×× 年 × 月 × 日，经 ×× 批准，公司纪委办公室（或者业务部门）组织了审查、审理等工作，发现 ×× 团组织 / ×× 同志存在违纪问题，依据《中国共产主义青年团章程》《中国共产主义青年团纪律处分条例（试行）》要求，应给予纪律处分，请按程序办理。具体情况如下。

（团组织）×× 团组织，×× 年 ×× 月成立，于 ×× 年 ×× 月（最新一次）换届选举，现任班子成员及其团内职务 ×××。

（团员）××，性别，×× 族，×× 年 ×× 月生，×× 省 ×× 人，××（文化程度），×× 年 ×× 月加入中国共产主义青年团，×× 年 ×× 月参加工作。×× 年 ×× 月至 ×× 年 ×× 月，任……，×× 年 ×× 月至今任……（任职经历应从参工时间写起，并按时间连续，与违纪问题有关的任职经历加粗标注）。

一、主要错误事实

……

二、处理建议

（团组织）×× 团组织违反 ××，根据 ××，建议给予 ×× 团组织 ×× 的处分。

（团员）×× 同志作为 ×× 公司 ××，负责 ×× 管理，违反 ××，根据 ××，建议给予 ×× 同志 ×× 的处分。

×××× 年 ×× 月 ×× 日

样例 4-15

关于 ×× 违纪案件的情况报告

×× 公司团委：

根据 ××，×× 年 ×× 月 ×× 日至 ×× 年 ×× 月 ×× 日，公司纪委办公室组织对信访举报反映 ×× 等问题进行了初步核实。经呈报公司党委批准，公司纪委办公室组织了初步核实、立案审查等工作，提出有关组织/人员纪律处分建议，现将有关情况报告如下。

一、基本情况

（团组织）×× 团组织，×× 年 ×× 月成立，于 ×× 年 ×× 月（最新一次）换届选举，现任班子成员及其团内职务 ×××。

（团员）××，性别，×× 族，×× 年 ×× 月生，×× 省 ×× 人，××（文化程度），×× 年 ×× 月加入中国共产主义青年团，×× 年 ×× 月参加工作。×× 年 ×× 月至 ×× 年 ×× 月，任……，×× 年 ×× 月至今任……（任职经历应从参工时间写起，并按时间连续，与违纪问题有关的任职经历加粗标注）。

二、主要违纪事实

根据审查及审理报告，并经 ×× 同志签字认可，×× 主要错误事实如下：
……

三、处分建议

（团组织）×× 团组织，违反 ××，依据《×× 规定》"××"之规定，建议给予 ×× 团组织 ×× 的处分。

（团员）××，作为 ××，对 ×× 问题，负 ×× 责任。依据《×× 规定》"××"之规定，建议给予 ×× 同志 ×× 的处分。

××××年 ×× 月 ×× 日

样例 4-16

关于给予 ×× 团纪处分的决定
（草案）

××，性别，××族，××年××月生，××省××人，××（文化程度），××年××月加入中国共产主义青年团，××年××月参加工作。××年××月至××年××月，任……，××年××月至今任……（任职经历应从参工时间写起，并按时间连续，与违纪问题有关的任职经历加粗标注）。

经查，××所犯主要错误事实如下：

……

按照上级团委《关于给予××团纪处分的建议》（文件号），经共青团××支部委员会会议研究，初步同意并形成《关于给予××团纪处分的决定（草案）》；拟定于20××年×月×日召开支部团员大会，由全体团员对《关于给予××团纪处分的决定（草案）》进行投票表决。

××××年××月××日

样例 4-17

×× 所犯错误事实材料

××，性别，××族，××年××月生，××省××人，××（文化程度），××年××月加入中国共产主义青年团，××年××月参加工作。××年××月至××年××月，任……，××年××月至今任……（任职经历应从参工时间写起，并按时间连续，与违纪问题有关的任职经历加粗标注）。

一、错误事实

经查，××所犯主要错误事实如下：

××年××月，××在微信朋友圈利用信息网络造谣传谣、转发不切实际的信息，造成不良影响。××，作为××，对于××公司品牌形象造成负面影响，负主要责任。

二、处理意见

××同志作为××公司××，负责××管理，违反××，根据××，建议给予××同志××的处分。

××××年××月××日

样例 4-18

关于给予××同志××团纪处分的请示

共青团××公司委员会：

××，性别，××族，××年××月生，××省××人，××（文化程度），××年××月加入中国共产主义青年团，××年××月参加工作。××年××月至××年××月，任……，××年××月至今任……（任职经历应从参工时间写起，并按时间连续，与违纪问题有关的任职经历加粗标注）。

……（主要违纪事实内容）

……（处理建议内容）。×年×月×日，经××团支部党员大会讨论（应到×人，实到×人，参会×人一致同意）决定，给予××同志××的处分。×年×月×日，经××公司党委会（党支部委员会）讨论决定，拟同意××团支部给予××同志××的处分。

妥否，请批示。

共青团××支部委员会

××××年××月××日

样例 4-19

关于给予 ×× 同志 ×× 团纪处分的批复

共青团 ×× 支部委员会：

你委《关于给予 ×× 同志 ×× 团纪处分的请示》已收悉。经研究，同意给予 ×× 同志 ×× 团纪处分。

请将批复执行情况及时回告我委。

特此批复。

共青团 ×× 公司委员会

××××年××月××日

第九节　团组织关系转接

一、团组织关系转接的情形

（1）团员外出有固定地点和从业单位，时间在 6 个月以上的，应将组织关系转移到外出所在团组织，参加外出所在团组织的活动。

（2）从业时间不到 6 个月，但已经和单位签订 1 年或 1 年以上劳动合同的团员，也应及时转接组织关系。

（3）团员外出 6 个月以上，所在地方或单位未建立团组织的，暂不转移组织关系，凭团员证就近参加一个团组织的活动，从业单位建立团组织后应及时转移组织关系。

（4）团员短期外出（6 个月以内），或外出时间较长但无固定地点或从业单位的，不转移组织关系，凭团员证参加外出所在团组织的活动。

（5）团员 3 人以上集体外出的，可不转移组织关系，由原所在团组织在他们中建立临时团支部。集体外出团员临时团支部受原所在团组织领导，同时接受外出所在团组织指导。

二、团组织关系转接的手续

（1）团员证是团员组织关系的凭证。基层团委应在其团员证"组织关系转接"栏内填写团员转出、转入组织关系时间，注明团费收缴情况，并加盖公章。

（2）办理团员组织关系转接时，应由基层团委开具转接介绍信，并向县级团委进行年度备案。不能仅凭团员证转接团员组织关系。对伪造团员身份证明的，要严肃处理。对在转移和接收团员组织关系过程中推诿扯皮、无故拒转拒接的团组织和团员，上级团组织要批评教育、及时纠正。

三、团组织关系转接的办理流程

团员在转接团组织关系时需同时完成线下和线上转接。

线下转接由团员所在团委开具纸质版《中国共产主义青年团团员组织关系介绍信》，凭介绍信到接收单位团组织报到。原单位团委应要求转出团员在新单位团组织报到后，新单位团组织应在规定时间内将介绍信回执寄回，并根据回执对该团员的团组织关系转接材料统一登记造册备案。

2016年以后发展的团员，需在团中央"智慧团建"系统上完成线上转接。组织关系转接申请发起方式有以下几种。

（1）团员个人发起。团员登录"智慧团建"系统，进入个人中心后点击左侧的"关系转接"，根据提示选择完成申请。

（2）转出团组织发起。转出团组织管理员进入"智慧团建"系统管理中心，点击"业务办理—组织关系转接办理"菜单，点击"办理转出"，选择转出团支部、转出人姓名，根据系统提示完成转接。

（3）转入团组织发起。转入团组织管理员登录"智慧团建"系统，进入管理中心，点击"业务办理－组织关系转接办理"菜单，点击"办理转入"，填写需要转入的团员姓名、身份证号码，点击查询，选择转入原因，根据系统提示完成转接。

在团组织关系转接未完成申请审批前，转出团组织可以点击申请页面右上角的"撤销申请"，即可撤销操作。

参加中国人民解放军、武装警察部队，或转入军事（武警）院校学习或工作的团员,在"智慧团建"系统转接原因中选择"转往特殊单位团组织"即可,无须选择转入团支部。

由中国人民解放军、武装警察部队退役的团员,其"智慧团建"系统信息通过联系上级团组织报送团中央,从"转往特殊单位团组织"库中移除。

第十节 团 课

一、团课的教育内容

团课的性质和教育目的,决定了团课的主要内容。团课的内容以团章为根本,涉及面非常广。根据有关文件规定,团课的主要内容为:

(1)学习马克思列宁主义、毛泽东思想、邓小平理论、"三个代表"重要思想、科学发展观和习近平新时代中国特色社会主义思想;

(2)开展中国特色社会主义共同理想和共产主义远大理想教育,加强社会主义核心价值观教育和"中国梦"教育;

(3)学习党的基本知识、党的光荣历史和传统,宣传党的路线、方针、政策,学习团的基本知识、重要会议精神和重点工作部署;

(4)学习中华优秀传统文化、革命文化和社会主义先进文化;

(5)广泛开展近代史、现代史教育和国情教育,开展好民主和法制教育。

二、团课教育制度的一般程序

团课是对团员进行教育的最经常、最基本的一种形式。建立团课制度,组织好团课教育,是团支部的一项重要工作。团支部要从本单位的实际情况出发,采取切实可行的措施,保证团员都按时听团课。能否坚持团课制度、抓好团课教育,是衡量一个支部团内生活制度是否健全的一个重要内容。具体程序如下。

(1)课前准备:调查分析、确定内容、主讲人认真备课、发出通知。

(2)课中组织:主持人统计团员出席情况、提出听课要求、主讲人进行讲课、对讲课情况进行小结。

（3）课后注意事项：组织团员进行讨论，对没听课的团员，团支部要统一组织补课。

第十一节　主题团日活动

一、团日活动的主要内容

（1）召开团的会议。支部团员大会、支委会、团小组会等一般安排在团日时间进行；有时也可用来传达学习上级团组织的会议和文件精神。

（2）进行团的教育。组织团员学习马列主义、毛泽东思想、邓小平理论和"三个代表"重要思想，学习科学发展观和习近平新时代中国特色社会主义思想，学习团章和团的基本知识，进行党的路线方针政策教育、团风团纪教育、做合格团员教育等。

（3）开展组织生活。如组织评议团员，召开民主生活会，听取团员的思想汇报，表彰宣扬先进，检查团员完成团支部交给的任务的情况等。

二、团日活动的一般程序

（1）制订团日活动计划。计划包括两个方面：一是学习上级指示，领会精神实质；二是结合实际，制订计划。

（2）按计划抓好落实。要从时间、内容、人员、效果四个方面抓好落实。

（3）根据情况调整完善团日活动计划。一是时间的调整。二是内容的调整。三是方式、方法的调整。

（4）对因故未参加人员进行补课。应当对因其他原因没有参加的人员进行补课，要做好阶段性团日活动小结。

第五章 团的品牌怎么创建

第一节 "两红两优"

一、评选依据

"两红两优"即"五四红旗团委""五四红旗团支部""优秀共青团员""优秀共青团干部"评选表彰。全国"两红两优"是共青团中央设立的分别授予县级以下团委和基层团组织、团员、团干部的团内最高荣誉,每年集中评选表彰一次。评选表彰工作严格落实中共中央办公厅、国务院办公厅印发的《评比达标表彰活动管理办法》的有关规定,按照《共青团中央评比表彰管理办法》明确的参评资格、基本条件、评选程序等规定组织实施,坚持优中选优,坚持从严审核,提高表彰质量,发挥先进典型示范引领作用。共青团各省(市)委、中央企业团工委(各省企业团工委)、各国有企业团委可结合团中央"两红两优"评选表彰工作实施方案开展各自系统"两红两优"评选表彰。

二、基本标准

(一)五四红旗团委(团支部)

(1)政治建设好。注重加强团员政治教育和青年思想政治引领,组织团员青年认真学习党的科学理论特别是习近平新时代中国特色社会主义思想,贯彻落实习近平总书记关于青年工作的重要思想,引导团员青年增强"四个意识"、坚定"四个自信"、做到"两个维护"。

（2）组织基础好。按期换届，班子配备齐整，政治强、业务精、作风实，管理严格。组织建设规范、团情底数清晰，发展团员程序严、质量高，"三会两制一课"和主题团日等组织生活规范落实，团员教育管理经常，"青年之家"等阵地作用发挥较好。党建带团建制度落实有力，党团队衔接顺畅，推优入党效果明显。落实全团抓基层、全团抓学校工作部署，深化共青团基层改革力度大、有成效。

（3）联系服务好。密切联系团员青年，积极向党组织和有关方面反映、推动解决青年利益诉求。围绕团员青年在成长发展、创新创造、志愿服务、济困助学、就业创业、岗位建功、实践教育等方面的现实需求，提供有效服务，形成社会功能，团员青年参与度高、获得感强。

（4）作用发挥好。组织团员青年围绕国家重大战略、本地区本单位党的中心任务和突发自然灾害、公共卫生事件等"急难险重新"工作创先争优、积极奉献，充分发挥生力军和突击队作用，团员模范带头作用突出，服务大局成效好，党组织、社会对共青团工作评价高。

（二）优秀共青团员

（1）理想远大、信念坚定。带头学习党的科学理论特别是习近平新时代中国特色社会主义思想，树立共产主义远大理想和中国特色社会主义共同理想，增强"四个意识"、坚定"四个自信"、做好"两个维护"，自觉践行社会主义核心价值观，传承中华优秀传统文化，大力弘扬爱国主义精神。

（2）刻苦学习、锐意创新。带头立足岗位、苦练本领、创先争优，热爱劳动、刻苦学习、崇尚实干，努力成为行业骨干、青年先锋，业务能力和工作实绩突出，团结带动青年作用明显。

（3）敢于斗争、善于斗争。带头迎难而上、攻坚克难，做到不信邪、不怕鬼、骨头硬，勇于和不良言行作斗争，积极传播青春正能量，维护民族团结和国家安全。

（4）艰苦奋斗、无私奉献。带头站稳人民立场，脚踏实地、求真务实，吃苦在前、享受在后，参与志愿服务、社会实践、社区报到等社会活动表现突出。

（5）崇德向善、严守纪律。带头明大德、守公德、严私德，树立集体主义思想，严格遵纪守法，严格履行团员义务、正确行使团员权利，努力完成组织分配的工作。

（三）优秀共青团干部

（1）政治上强。对党忠诚，具有较强的政治判断力、政治领悟力、政治执行力，在大是大非面前头脑清醒、立场坚定，自觉增强"四个意识"、坚定"四个自信"、做到"两个维护"。

（2）思想上强。坚定共产主义远大理想和中国特色社会主义共同理想，自觉用习近平新时代中国特色社会主义思想武装头脑，带头学习贯彻习近平总书记关于青年工作的重要思想。

（3）能力上强。注重提高青年群众工作本领，带头向书本学习、向实践学习、向青年学习，勤于思考钻研，善于开展理论政策宣讲和思想引领，善于把握青年脉搏、组织发动青年。

（4）作风上强。自觉践行群众路线、树牢群众观点，心系广大青年，带头密切联系青年、热心服务青年、反映青年呼声，带头反对机关化、行政化、贵族化、娱乐化，从严从实推动工作、实绩突出。

（5）担当上强。热爱党的青年工作，坚持担当实干，善于改革创新，勇于到艰苦环境和基层一线去担苦、担难、担重、担险，有强烈的事业心和责任感，勇于改革创新，面对"急难险重新"任务冲锋在前、迎难而上，对错误言行和不良习气敢于坚持原则、坚决斗争。

（6）自律上强。带头贯彻中央八项规定及其实施细则精神，落实共青团中央六条规定，推动全面从严治团部署，遵纪守法、廉洁自律，勇于开展自我批评，自觉接受组织和团员青年的监督，意志力、坚忍力、自制力强，党组织放心、青年满意。

第二节　青年文明号

一、青年文明号是什么

青年文明号活动由共青团联合有关方面共同开展，旨在学习宣传贯彻习近平新时代中国特色社会主义思想，立足于融入新发展阶段、贯彻新发展理念、构建新发展格局、推动高质量发展，面向各行业一线青年，主要在政务服务、商业服务、社会服务等"窗口"行业和单位开展，弘扬职业文明、引导岗位建功、建设先进集体、培育青年人才，是一项具有群众性、实践性、品牌性的精神文明创建活动，是提升共青团特别是基层团组织引领力、组织力、服务力和大局贡献度的重要载体。

青年文明号集体是指在生产、经营、管理、服务等过程中创建并经过活动组织管理部门认定的，以"敬业、协作、创优、奉献"为共同理念，以实施科学管理、人本管理、自我管理和开展岗位创新创效创优活动为基本手段，具有过硬政治素质、高尚职业道德、高超职业技能、优良工作作风、突出岗位业绩的集体。

青年文明号一般分为全国、省、地市三个等级（行业系统、企业可参照设立相应等级，中管企业、中管金融机构评定的青年文明号按省级青年文明号管理）。县区、基层单位可结合实际开展相应的创建评选等工作。鼓励和支持新经济组织、新社会组织广泛参与。

全国青年文明号施行备案创建、届次评选制。两年为一个创建周期，单数年创建备案、双数年评审认定。各地区、各行业系统可结合实际参照实施。

二、青年文明号基本条件

（1）以青年为主体、建制保持稳定的工作集体（窗口、班组、车间、厂站、科室等）；规模较小且内设机构难以拆分的单位可整体参与创建。

（2）原则上由一名不超过40周岁的集体负责人或相应团组织主要负责人担任号长。

（3）创建集体人数一般为30至50人，特殊情况下最多不超过200人，最少不低于6人；其中35周岁以下青年人数占50%以上，中国国籍人员占集体人数80%以上，且主要负责人和号长均为中国国籍。

三、青年文明号基本标准

（1）拥护中国共产党领导，热爱祖国、热爱人民、热爱社会主义，贯彻执行党的基本理论、基本路线、基本方略，增强"四个意识"、坚定"四个自信"、做到"两个维护"。

（2）自觉践行社会主义核心价值观，弘扬职业文明，涵养职业道德，遵纪守法、爱岗敬业、团结协作、甘于奉献。

（3）创建活动深入扎实，工作内涵丰富、青年广泛参与、创建氛围浓厚，在服务中心大局、促进青年发展等方面发挥积极作用，在本地区、本行业系统同层级创建集体中有较强的代表性、示范性。

（4）自身的共青团（青年工作）组织健全、设置规范、工作活跃；具备条件的集体能够支持学校共青团和少先队的校外实践活动开展；驻在地在国（境）外的集体能够灵活有效地开展共青团和青年工作。

四、青年文明号评选流程

青年文明号评选坚持公开、公平、公正原则，充分发扬民主，坚持从严从优。

青年文明号评选采取自下而上、逐级创建、逐级评选的办法进行，推报参评全国、省级青年文明号的，须是相应下一级青年文明号集体。

青年文明号评选的主要程序：

（1）申报。集体对照推荐标准，经自查自评、资格审查、廉政意见征求后进行申报。

（2）初评。行业主管部门和地方团组织应全面了解集体工作业绩、日常创建、社会评价和团的建设等情况，采用差额推优、公开竞争、交叉互评等方式开展初评。

（3）审核。组织机构应严把政治关、质量关、廉洁关，按照优中选优的原则，对推荐集体进行严格审核。

（4）认定。组织机构对审核通过的集体，按程序认定相应等级和星级。

青年文明号采取申报单位自行公示和组织机构集中公示相结合的方式，在评选各环节面向社会公示，公示期不少于5个工作日。

第三节　青年岗位能手

一、优秀青年岗位能手须具备的条件

（1）工作经验及年龄要求。连续工作三年以上，从事专业管理、工程技术、生产技能工作的35周岁以下在岗员工。

（2）思想政治方面要求。政治立场坚定，忠诚企业，认同公司社会主义核心价值观，自觉弘扬和践行公司宗旨和努力超越、追求卓越的企业精神，具有良好的思想品德和职业道德，勤奋工作、敬业爱岗、遵纪守法。

（3）专业技能方面要求。钻研业务，熟练掌握本岗位各项业务技能和知识，实际操作技能在本单位、本系统处于领先地位。

（4）工作业绩方面要求。在安全生产、营销服务、经营管理、科技创新等工作中作出突出贡献。

二、杰出青年岗位能手须具备的条件

（1）在专业管理领域，积极创新策划本专业领域的管理体系和政策制定，大力开发、推广和应用先进科学管理理念、管理方式和管理方法，取得显著经济和社会效益的。

（2）在工程技术领域，取得重大创新且拥有自主知识产权的技术成果，其总体技术水平和主要技术经济指标达到或接近国内外同类技术或产品的先进水平，创造出显著的经济效益和社会效益。

（3）在生产技能领域，积极创新工作流程和技法，取得首创性成果，并对解决同类生产工程等项目的热点、难点和关键技术问题具有显著导向性、可操作性和效益性。

第四节　青年安全生产示范岗

青年安全生产示范岗的基本条件如下。

（1）创建集体中35周岁以下青年应占集体人数的60%以上，负责人中至少有1位年龄不超过35周岁。

（2）创建集体必须团组织健全，党政领导高度重视共青团工作，成立了创建活动组织领导机构。

（3）创建集体必须文明从业，在安全生产实践中能结合本单位实际，总结、摸索、建立起一整套标准化作业、科学化管理的先进模式，各项考核指标在同行中领先。

（4）创建集体必须严格执行安全生产方面的法律、法规和规章制度，岗位现场管理规范，无违章作业和违反劳动纪律的现象并且连续五年无安全生产责任事故。

（5）创建集体成员应具有较强的安全生产意识和较高的安全生产技能。

（6）创建集体必须具有切实可行的创建规划和行之有效的创建措施，经常开展丰富的主题活动。根据创建目标的要求，将安全生产责任、各项工作任务有效地落实到岗位负责人和每个成员，制定并执行相应奖惩措施，增强青年员工安全责任感，在确保安全生产方面取得先进经验。

第五节　青年突击队

一、青年突击队的意义

青年突击队是先进的劳动组织，是青年成才的熔炉，是召唤和聚集青年的旗帜，更是青年朋友"特别能吃苦、特别能战斗、特别能奉献"的标志。青年突击队的活动是企业团组织服务企业发展、服务青年成才的有效途径，也是团员青年为企业发展建功立业的有效载体。

二、青年突击队的职责

（1）积极投身于艰苦的生产中；
（2）重点项目的突破；
（3）公益劳动、社会活动。

三、青年突击队的精神

最沉重的担子我们挑，最危险的地方我们闯，最紧急的关头我们上，最困难的时刻我们到，最艰苦的地方我们去。

第六节　青年创新创效

一、青年创新创效的宗旨

青年创新创效皆在引导企业青年职工立足岗位，面向市场，通过创新创效为企业发展注入新的活力，促进企业经济效益的提高。

二、青年创新创效的基本原则

（1）坚持与"号手"活动有机衔接的原则；
（2）坚持重点为国有企业改革和发展服务的原则；
（3）坚持因企业制宜，突出企业特色的原则；
（4）坚持有所为，有所不为的原则；
（5）坚持尊重青年首创精神的原则。

三、青年创新创效的基本思路

把创新的立足点放在提高企业经济效益、促进企业经济发展上，这是唯一的目标，也是终极目标。从性质上讲，活动是一种群众性活动，作为团的一项工作，主要是引导和组织青年职工进行群众性创新。从内容上讲，活动具有广泛性，在生产、经营、管理等多方面进行创新。从范围上讲，活动在不同类型企业开展，既包括工业企业也包括服务企业，既包括国有企业也包括非公有制企业。从参加人员上讲，活动在全体青年职工中展开，既包括青年科技人员，也包括青年管理人员、青年营销人员和一线青年职工。

第七节 青年志愿服务

一、青年志愿服务的宗旨

奉献，友爱，互助，进步。

二、青年志愿服务的内容

青年志愿者活动面向全社会，主要围绕公益劳动、美化绿化、重点工程、抢险救灾、文化活动、社区服务、医疗服务、生活服务、科技服务、社会治安、移风易俗、支教扫盲、青少年帮教等方面开展志愿服务。随着青年志愿者活动的逐步深化和青年志愿者服务体系的逐步建立，其服务内容将逐步拓展。

参考文献

[1] 共青团中央办公厅.中国共产主义青年团团内规章汇编（2023年版）[M].北京：中国青年出版社，2023.

[2] 本书编写组.党的二十大报告辅导读本[M].北京：人民出版社，2022.

[3] 本书编写组.习近平与大学生朋友们[M].北京：中国青年出版社，2020.

[4] 习近平.在纪念五四运动100周年大会上的讲话[M].北京：人民出版社，2019.

[5] 习近平.在庆祝中国共产主义青年团成立100周年大会上的讲话[M].北京：人民出版社，2022.

[6] 习近平.论党的青年工作[M].北京：中央文献出版社，2022.

[7] 中共中央文献研究室.习近平关于青少年和共青团工作论述摘编[M].北京：中央文献出版社，2017.